「豊かな環境をつくる」保育

大澤洋美

編著

東洋館出版社

まえがき

　日々の保育の中で困ったり悩んだりすることはありますか？　それは、子ども一人ひとりの成長を願い、明日の保育をよりよくしたいという保育者の思いであり、子どもたちにとってうれしいことだと考えます。一方、保育には唯一の方法や正解はありません。保育が一人ひとりの子どもから始まり、子どもたちと保育者の相互作用の中で営まれるからです。「じゃあ、どうしたらいいの？」という声が聞こえてきそうです。本シリーズは、困ったな、どうしたらいいのだろう、というよくあるギモンや子どもと楽しめる具体的な活動を領域ごとにまとめ、若手の保育者の方にもわかりやすく記載されています。

　また、日々の具体的な保育は理論のもとに行われています。幼稚園、保育所、認定こども園といった幼児教育施設では、環境を通して行う教育を基本とし、幼児の自発的な活動としてのあそびを中心とした生活を通して、子どもたちに生きる力の基礎を培っています。幼児期に必要な体験としての保育内容は5領域で示され、あそびを通しての総合的な指導を通じて子ども一人ひとりの中に一体的に育まれていくよう実践されています。本書は単なるノウハウ本ではなく理論と実践の架け橋になることを目指し、内容が構成されています。

　若手の保育者の方は「明日への一歩」を考えるために、経験を重ねた保育者の方は、本書の内容をきっかけに「こんなこともできそう」「〇〇先生にはこのことが役立つかもしれない」など、これまでの経験を想起されたり、改めて理論と実践を結び付けて確認し発信されたりすることにお役立ていただければ幸いです。

　この本を手に取ってくださった皆様が、子どもたちと一緒にあそびや生活を楽しみ、ときには悩み仲間と一緒に乗り越えながら、子どもも大人もともに育つ保育の醍醐味を味わってくださることを願っています。

2023年2月吉日

編著者一同

知っておきたい「豊かな環境をつくる」保育に関する基礎・基本

　本編に入る前に「豊かな環境をつくる」保育を実現するために知っておきたい基礎的、基本的な理論を確認しておきましょう。

1 幼児教育の基本

① 環境を通して行う

　乳幼児期の教育・保育は生涯にわたる人格形成の基礎を培う重要なものです。幼児教育施設における教育・保育は、それぞれの施設が基づく法律等に示された目的や目標を達成するため、乳幼児期の特性を踏まえ、**環境を通して行う**ものとされています。

　乳幼児期の子どもは、知りたがりやでやってみたがりや。関心をもった物事には自分から近付き、触れ、扱ってみるなど、**能動性を大いに発揮しながら自分の世界を広げ**ていきます。そのため、周囲の環境に興味や関心をもって自分から関わり、具体的・直接的な体験を重ねていくことは、乳幼児期にふさわしい教育・保育の在り方と言えます。幼児教育での環境は、**子どもを取り巻くすべて**を指します。物的環境、人的環境、自然事象を含む自然環境、時間や空間、その場や状況の雰囲気なども含まれます。一人ひとりの子どもが自分の興味や関心、そのときにもっている力を存分に使いながら**環境に関わり、それに応じて環境からの応答を受け取る**という相互作用を繰り返しながら、**一人ひとりのもつ可能性が開かれ、生きる力の基礎が育まれ**ていきます。

② 保育内容としてのねらい及び内容

　幼児教育における保育内容は、幼稚園教育要領、保育所保育指針、幼保連携型認定こども園教育・保育要領（以下、3要領・指針）の第2章において、**「ねらい及び内容」**が幼児の発達の側面からまとめた**「5領域」**で示されています。

　○心身の健康に関する領域「健康」：健康な心と体を育て、自ら健康で安全な生活をつくり出す力を養う。
　○人との関わりに関する領域「人間関係」：他の人々と親しみ、支え合って生活するために、自立心を育て、人と関わる力を養う。

○身近な環境との関わりに関する領域「環境」：周囲の様々な環境に好奇心や探究心をもって
　関わり、それらを生活に取り入れていこうとする力を養う。

○言葉の獲得に関する領域「言葉」：経験したことや考えたことなどを自分なりの言葉で表現し、
　相手の話す言葉を聞こうとする意欲や態度を育て、言葉に対する感覚や言葉で表現する力
　を養う。

○感性と表現に関する領域「表現」：感じたことや考えたことを自分なりに表現することを通して、
　豊かな感性や表現する力を養い、創造性を豊かにする。

　5領域に示されている「ねらい及び内容」は、**生活や遊びを通しての指導を中心として総合的に
達成される**ものです。

　なお、**乳児保育においては3つの視点**（健やかにのびのびと育つ、身近な人と気持ちが通じ合う、
身近なものと関わり感性が育つ）から示されています。

2　幼児教育において育みたい資質・能力

　現行幼稚園教育要領及び学習指導要領の改訂に当たり**新しい時代に必要な資質・能力**が検討さ
れ、明示されました。その全般的な捉え方は中央教育審議会答申（平成28年12月21日）「幼稚園、
小学校、中学校、高等学校及び特別支援学校の学習指導要領等の改善及び必要な方策等について」
において、3つに整理されています。

①何を理解しているか、何ができるか（生きて働く「知識・技能の習得」）

②理解していること・できることをどう使うか
　（未知の状況にも対応できる「思考力・判断力・表現力等の育成」）

③どのように社会・世界と関わり、よりよい人生を送るか
　（学びを人生や社会に生かそうとする「学びに向かう力・人間性等」の涵養）

　幼児教育においても、上記の「資質・能力」を**幼児期の発達の特性を踏まえて**「幼児教育におい
て育みたい資質・能力」として示されています。

①知識及び技能の基礎：豊かな体験を通じて、感じたり、気付いたり、分かったり、できるよ
　うになったりする

②思考力、判断力、表現力等の基礎：気付いたことや、できるようになったことなどを使い、
　考えたり、試したり、工夫したり、表現したりする

③学びに向かう力、人間性等：心情、意欲、態度が育つ中で、よりよい生活を営もうとする

　これらの資質・能力は、それぞれを個別に取り出して指導するのではなく、**環境を通して行う
教育・保育の中で、遊びを中心とした生活を通して一体的に育まれる**ように努めることが大切です。

3　幼児期の終わりまでに育ってほしい姿

　「幼児期の終わりまでに育ってほしい姿」は、5領域で示すねらい及び内容に基づく活動全体を通して**育みたい資質・能力が形成されている子どもの5歳児後半（就学前）の具体的な姿**です。10の項目で表されており、**保育者が指導を行う際に考慮するもの**とされています。例えば、次に引用する10の姿（項目や文章）を心に留めて子どもの様子を見ると、様々な具体的な活動の中に「この姿はこの項目につながっているな」と気付くことがあると思います。10の姿を視点として子どもの姿を捉えることで、**遊びの中での子どもの体験や学びを多面的に読み取る**ことができ、**明日の保育の方向性を得る**ことができるでしょう。さらに、園内外の研修で同僚や他園の保育者**と10の姿を共通の視点として語り合う**ことにより、幼児理解を深めたり、保育の在り方を多角的に検討したりするなど、**日々のよりよい保育**につながっていきます。

　また、**10の姿を手がかりにして保育者と小学校教師が子どもの発達や学びの実際を共有する**ことで、幼児教育から小学校教育が滑らかに接続することが求められています。(P.122参照)

(1)　健康な心と体

　幼稚園（保育所、幼保連携型認定こども園）の生活の中で、充実感をもって自分のやりたいことに向かって心と体を十分に働かせ、見通しをもって行動し、自ら健康で安全な生活をつくり出すようになる。

(2)　自立心

　身近な環境に主体的に関わり様々な活動を楽しむ中で、しなければならないことを自覚し、自分の力で行うために考えたり、工夫したりしながら、諦めずにやり遂げることで達成感を味わい、自信をもって行動するようになる。

(3)　協同性

　友達と関わる中で、互いの思いや考えなどを共有し、共通の目的の実現に向けて、考えたり、工夫したり、協力したりし、充実感をもってやり遂げるようになる。

(4)　道徳性・規範意識の芽生え

　友達と様々な体験を重ねる中で、してよいことや悪いことが分かり、自分の行動を振り返ったり、友達の気持ちに共感したりし、相手の立場に立って行動するようになる。また、きまりを守

る必要性が分かり、自分の気持ちを調整し、友達と折り合いを付けながら、きまりをつくったり、守ったりするようになる。

(5) 社会生活との関わり

　家族を大切にしようとする気持ちをもつとともに、地域の身近な人と触れ合う中で、人との様々な関わり方に気付き、相手の気持ちを考えて関わり、自分が役に立つ喜びを感じ、地域に親しみをもつようになる。また、幼稚園内外の様々な環境に関わる中で、遊びや生活に必要な情報を取り入れ、情報に基づき判断したり、情報を伝え合ったり、活用したりするなど、情報を役立てながら活動するようになるとともに、公共の施設を大切に利用するなどして、社会とのつながりなどを意識するようになる。

(6) 思考力の芽生え

　身近な事象に積極的に関わる中で、物の性質や仕組みなどを感じ取ったり、気付いたりし、考えたり、予想したり、工夫したりするなど、多様な関わりを楽しむようになる。また、友達の様々な考えに触れる中で、自分と異なる考えがあることに気付き、自ら判断したり、考え直したりするなど、新しい考えを生み出す喜びを味わいながら、自分の考えをよりよいものにするようになる。

(7) 自然との関わり・生命尊重

　自然に触れて感動する体験を通して、自然の変化などを感じ取り、好奇心や探究心をもって考え言葉などで表現しながら、身近な事象への関心が高まるとともに、自然への愛情や畏敬の念をもつようになる。また、身近な動植物に心を動かされる中で、生命の不思議さや尊さに気付き、身近な動植物への接し方を考え、命あるものとしていたわり、大切にする気持ちをもって関わるようになる。

(8) 数量や図形、標識や文字などへの関心・感覚

　遊びや生活の中で、数量や図形、標識や文字などに親しむ体験を重ねたり、標識や文字の役割に気付いたりし、自らの必要感に基づきこれらを活用し、興味や関心、感覚をもつようになる。

(9) 言葉による伝え合い

　先生や友達と心を通わせる中で、絵本や物語などに親しみながら、豊かな言葉や表現を身に付け、経験したことや考えたことなどを言葉で伝えたり、相手の話を注意して聞いたりし、言葉に

よる伝え合いを楽しむようになる。

(10) 豊かな感性と表現

心を動かす出来事などに触れ感性を働かせる中で、様々な素材の特徴や表現の仕方などに気付き、感じたことや考えたことを自分で表現したり、友達同士で表現する過程を楽しんだりし、表現する喜びを味わい、意欲をもつようになる。

これらの姿は、5歳児後半に突然現れるものでも到達目標でもありません。乳児期から少しずつ育っていくものです。**子どもが発達していく方向を意識して、**子どもが**その時期にふさわしい生活**を送れるよう保育を積み重ねていくことに留意した結果として見られる姿であることを、再確認しましょう。

最後に、園生活の展開において**「ねらい及び内容」「資質・能力」「幼児期の終わりまでに育ってほしい姿」が、一連の関係性である**ことを確認しておきましょう。

各園では園目標の実現に向けて、入園から修了、卒園までに行う教育・保育の道筋を示す**教育課程や全体的な計画**を編成しています。ここには、「ねらい及び内容」が、子どもの発達に応じてバランスよく設定されています。さらに教育課程等に基づき、より具体的なねらいや内容、環境の構成や保育者の援助を示した長期・短期の**指導計画**が作成されています。日々の保育は、週案や日案などの短期の指導計画に示されたねらいや内容に、前日までの子どもの興味・関心や保育者の願いが加味され、環境の構成や援助に織り込まれて展開しています。こうして構成された環境に子どもたちが主体的に関わって生み出す遊びの中で、夢中になって楽しむ、もっと面白くしようと工夫や試行錯誤を繰り返す、友達や先生と一緒に考えたり共感したりするなどのことを通して、**「資質・能力」**が育まれていきます。このような園生活で「育みたい資質・能力」が形成されている子どもの5歳児後半の具体的な姿が、**「幼児期の終わりまでに育ってほしい姿」**です。

各園において「ねらい及び内容」で子どもの発達に応じた経験を意識し、「幼児期の終わりまでに育ってほしい姿」で乳幼児期全体の育ちの方向性を意識して教育・保育を行うことにより、一人ひとりの「資質・能力」が育まれ、小学校以降の教育にバトンタッチされていきます。

[引用参考文献]
・文部科学省 (2018)「幼稚園教育要領解説」
・厚生労働省 (2018)「保育所保育指針解説」
・内閣府・文部科学省・厚生労働省 (2018)「幼保連携型認定こども園教育・保育要領解説」
・日本国語教育学会 [監修] (2021)『0〜6歳児「言葉を育てる」保育』東洋館出版社

「豊かな環境をつくる」保育を考える

1 豊かな環境

　豊かな環境をつくるということが子どもの成長にとって、とても大切であることは誰もが思うことです。それでは、どのような環境が豊かな環境なのでしょうか。美しいものがある環境、様々な情報がある環境、多くの人が関わることができる環境、自然豊かな環境、様々な環境が大切だと考えることでしょう。幼児教育における環境の意味や大切さについて、「幼稚園教育要領」では第1章総則、第1節幼稚園教育の基本において以下のように記されています。

　　　幼児期の教育は、生涯にわたる人格形成の基礎を培う重要なものであり、幼稚園教育は、学校教育法に規定する目的及び目標を達成するため、幼児期の特性を踏まえ、環境を通して行うものであることを基本とする。このため教師は、幼児との信頼関係を十分に築き、幼児が身近な環境に主体的に関わり、環境との関わり方や意味に気付き、これらを取り込もうとして、試行錯誤したり、考えたりするようになる幼児期の教育における見方・考え方を生かし、幼児と共によりよい教育環境を創造するように努めるものとする。(以下略)

　豊かな環境であるということは、素晴らしい遊具や教具と空間等を使うことができる状況を用意するだけではありません。子ども一人ひとりの発達の様子に応じて、子どもが「面白い！」「なぜだろう！」「もう1回！」「この次は！」とワクワクしながら子ども自身が関わりたくなることを中心に考えていく必要があります。豊かな環境とは、物的な条件がそろっていることだけでなく、保育者と子どもとの関係を基盤に子どもと物と人、そして様々な事象の相互作用によって作り出されていくのです。

子どもと保育者の信頼関係

2 環境を通して行う教育について

　子どもたちがワクワクしながら（主体的に）興味や関心を広げて充実感や満足感を味わう体験を重ね、その中で一人ひとりの意欲が高まるように豊かな環境をつくっていくことで、「環境を通して行う教育」は実現されていきます。

　その時に大切にしたいポイントについて考えてみましょう。

① 子どもとの関係

　保育者が子どもとの信頼関係を築くためには、子どもを丸ごと受けとめることです。子どもの行動はその一つひとつに意味があります。時には、多くの子どもたちの中で受け入れることが難しいことであっても、そこにはその子なりの理由（意味）があるのです。また、保育者の予想とは異なる言動をした時にも、そこにはその子なりの理由があるのです。これらの一つひとつの出来事のなかで、子どもの心を理解して受け止めようとする保育者の関わりが子どもとの信頼関係を築くことにつながるのです。

② 環境としての保育者

　保育者も環境のひとつであるということは幼稚園教育要領解説の序章に教師の役割として「特に、幼稚園教育が環境を通して行う教育であるという点において、教師の担う役割は大きい。一人一人の幼児 に対する理解に基づき、環境を計画的に構成し、幼児の主体的な活動を直接援助すると同時に、教師自らも幼児にとって重要な環境の一つであることをまず念頭に置く必要がある。」と記されています。「自らも幼児にとって重要な環境の一つ」であることを、保育者が意識をして、一人ひとりの成長へ願いをもって子どもと関わり、思いを込めて保育の準備をすることが重要になってきます。この時に重要なのは、保育者が一人ひとりの子どもの興味・関心をどのように捉えているかということです。

③ 子どもの興味・関心を捉える保育者

　子どもの興味・関心を捉えるためには様々な方法があります。
・子どもと関わってあそぶ中で感じたことを後から振り返って記録する。
・子どもの様子を観察しながら記録をとる。
・カメラ、ビデオ等の媒体を使って子どもの様子を撮影して捉える、等
様々な方法で記録した子どもの様子から、保育者が子どもの気持ちや興味・関心等を捉えて環

境について考えていきます。

　○○さんにとって何が必要なのか？　どのように関わることが○○さんの興味・関心につながるのか？　繰り返し試したり考えたりするためには？　等を考えながら子どもと関わることが、子どもにとっての豊かな関わりの基になっていきます。

④ 場所や空間

　子どもが生活をする場が子どもにとって適切な場所であるかはとても大切なことです。狭い空間のなかで長時間一緒にいることで、パーソナルスペースが狭い状況が続くと、様々なことで子どもの一人ひとりの思いが満たされないことも生じてきます。その思いがぶつかり合ってトラブルになることもあるでしょう。また、空間が広すぎるためにあそぶ場所が拡散してお互いのあそびを意識し合うことができないという様子もあるかもしれません。あそびや生活の中で子どもが必要としている空間はどれくらいなのか。このあそびにこの場所は適しているだろうか。子どもの動線は確保されているだろうか、等の場所や空間についても常に捉えていくことが大切です。同じ空間でも、あそびの状況によって狭すぎることも広すぎることもあります。豊かな環境を作り出すには、場所や空間と子どもとの関係をしっかりと捉えて環境を構成する必要があります。

⑤ 子どもが試行錯誤したり考えたりする環境

　子ども自身が考えたり、繰り返し試したり、挑戦したりして夢中になってあそぶためには、子どものための豊かな環境が必要になります。子どもがワクワクしてあそびや生活をするために備えられた空間の中で、子どもは試行錯誤したり考えたりすることで、子ども自身が知ることへの意欲を高めていくことになるでしょう。これが、学びへの意欲につながっていきます。

　ここで忘れてはいけないのが、環境としての保育者の存在です。子どものために設えられた豊富なものの中にさえいれば豊かな体験ができるわけではありません。そこに関わる保育者の存在が大切になってきます。アイデアを出してあそびを方向付ける存在、思いを受け止めてくれる存在、仲間として一緒に楽しむ存在、必要な材料を用意してくれる存在等といった多くの役割を果たす保育者の支えが大切になります。

3　子どもにとっての環境

　幼児の発達や経験等によって、同じ遊具や用具、素材でも園児の興味や関心は異なります。一人ひとりの園児が興味や関心をもって環境に関わり、ワクワクしながら自ら環境に関わってあそぶためには、遊具や用具、素材などの様々な要素を捉えて環境の構成をすることが大切です。

3歳児から入園したA児が安心した表情で積み木を使ってあそんでいる様子から考えます。この時、積み木は保育室の隅に置かれ、ほかの園児の動線が重ならないように配置されていました。また、保育者は様々なあそびの様子を関わりながら見守っています。また、積み木には積み上げる、並べる、比べる、見立てる等の多様なあそびの要素があります。このような様々な状況があったために、入園したばかりのA児は、積み木を並べて「電車だよ」と見立てたり、積み上げて「マンションができた」と見立てたりと、繰り返しあそぶことを楽しむことができたのだと考えられます。積み木の特性を理解することや保育者が関わることで子どもに必要な環境をつくり出すことができるのです。

4　領域「環境」の視点から

　「幼稚園教育要領」の身近な環境との関わりに関する領域「環境」は、「周囲の様々な環境に好奇心や探究心をもって関わり、それらを生活に取り入れていこうとする力を養う。」を目的として、子どもが育つ姿として、「ねらい」が記されています。

1　ねらい

(1) 身近な環境に親しみ、自然と触れ合う中で様々な事象に興味や関心をもつ。

(2) 身近な環境に自分から関わり、発見を楽しんだり、考えたりし、それを生活に取り入れようとする。

(3) 身近な事象を見たり、考えたり、扱ったりする中で、物の性質や数量、文字などに対する感覚を豊かにする。

　これらは、子ども自身が「環境に関わる力」を育むためのねらいです(保育者が保育を展開、充実させるための「環境の構成」や「環境による教育」等の「環境」とは質が異なるものになります)。

　子どもが「環境に関わる力」をもてるようになるには、保育者がどのような遊具や場所、人の関りなど「環境の構成」を考えるのかということになるのです。

5 幼児期の終わりまでに育ってほしい姿に深く関わる環境

　幼児期の終わりまでに育ってほしい姿の10項目を支えるためには、「環境の構成」が大きく関わってきます。一人ひとりの育ちのために「環境の構成」が大きく関わると予想されるところを色文字で記してみました。

（1）健康な心と体

　幼稚園生活の中で、充実感をもって自分のやりたいことに向かって心と体を十分に働かせ、見通しをもって行動し、自ら健康で安全な生活をつくり出すようになる。

（2）自立心

　身近な環境に主体的に関わり様々な活動を楽しむ中で、しなければならないことを自覚し、自分の力で行うために考えたり、工夫したりしながら、諦めずにやり遂げることで達成感を味わい、自信をもって行動するようになる。

（3）協同性

　友達と関わる中で、互いの思いや考えなどを共有し、共通の目的の実現に向けて、考えたり、工夫したり、協力したりし、充実感をもってやり遂げるようになる。

（4）道徳性・規範意識の芽生え

　友達と様々な体験を重ねる中で、してよいことや悪いことが分かり、自分の行動を振り返ったり、友達の気持ちに共感したりし、相手の立場に立って行動するようになる。また、きまりを守る必要性が分かり、自分の気持ちを調整し、友達と折り合いを付けながら、きまりをつくったり、守ったりするようになる。

（5）社会生活との関わり

　家族を大切にしようとする気持ちをもつとともに、地域の身近な人と触れ合う中で、人との様々な関わり方に気付き、相手の気持ちを考えて関わり、自分が役に立つ喜びを感じ、地域に親しみをもつようになる。また、幼稚園内外の様々な環境に関わる中で、遊びや生活に必要な情報を取り入れ、情報に基づき判断したり、情報を伝え合ったり、活用したりするなど、情報を役立てながら活動するようになるとともに、公共の施設を大切に利用するなどして、社会とのつながりな

どを意識するようになる。

（6）思考力の芽生え

身近な事象に積極的に関わる中で、物の性質や仕組みなどを感じ取ったり、気付いたりし、考えたり、予想したり、工夫したりするなど、多様な関わりを楽しむようになる。また、友達の様々な考えに触れる中で、自分と異なる考えがあることに気付き、自ら判断したり、考え直したりするなど、新しい考えを生み出す喜びを味わいながら、自分の考えをよりよいものにするようになる。

（7）自然との関わり・生命尊重

自然に触れて感動する体験を通して、自然の変化などを感じ取り、好奇心や探究心をもって考え言葉などで表現しながら、身近な事象への関心が高まるとともに、自然への愛情や畏敬の念をもつようになる。また、身近な動植物に心を動かされる中で、生命の不思議さや尊さに気付き、身近な動植物への接し方を考え、命あるものとしていたわり、大切にする気持ちをもって関わるようになる。

（8）数量や図形、標識や文字などへの関心・感覚

遊びや生活の中で、数量や図形、標識や文字などに親しむ体験を重ねたり、標識や文字の役割に気付いたりし、自らの必要感に基づきこれらを活用し、興味や関心、感覚をもつようになる。

（9）言葉による伝え合い

先生や友達と心を通わせる中で、絵本や物語などに親しみながら、豊かな言葉や表現を身に付け、経験したことや考えたことなどを言葉で伝えたり、相手の話を注意して聞いたりし、言葉による伝え合いを楽しむようになる。

（10）豊かな感性と表現

心を動かす出来事などに触れ感性を働かせる中で、様々な素材の特徴や表現の仕方などに気付き、感じたことや考えたことを自分で表現したり、友達同士で表現する過程を楽しんだりし、表現する喜びを味わい、意欲をもつようになる。

すべての項目において、「環境の構成」が関わってくることが分かります。保育者が子どもと共にあそびや生活の中で、豊かな環境を創り出すことが一人ひとりの育ちにつながっていくのではないでしょうか。

CONTENTS

第 **1** 章　**よくあるギモン 30**

よくあるギモン

30

安心できる環境をつくる時に大切なことはどんなこと?

子どもが安心できる環境とは、どのような環境なのでしょうか。

【 0歳ごろ 】

保育者

子どもが好むおもちゃを準備して、けがや事故が起きないようにあそびの場をつくったけれど、これだけでいいのかな?

なぜだろう？

保育者のギモン

子どもが安心できる環境が大切と言われますが、何を整えたらよいのでしょうか。どのような配慮が必要ですか。

お答えします！

解決の糸口

ただ安全な場を用意し、発達に応じた遊具を置いているだけでは、安心できる環境にはなりません。一人ひとりの子どもに対する保育者の応答的な関わりが大切です。

子ども

わんわん。

保育者

そうだね、ワンワンいたね。

絵本の中に知っている絵を見つけて指を指したり、気に入ったページを繰り返しめくったり、保育者の発する言葉を真似して声を出したりしながら楽しんでいる子どもの様子の、一つ一つに温かく応答し、子どもとのやりとりや子どもが味わっている世界を共有することを大切にしていきましょう。

p o i n t

保育者との安定した関係がよりどころになる

乳児期は、保育者との安定した関係が基盤となります。体の諸感覚を十分に働かせながら直接的な関わりを通してあそび、周囲への興味や好奇心を高めていきます。また、物を介して身近な人と心を通い合わせる経験が様々な環境への興味や好奇心をかきたてる上での支えにもなります。その過程に保育者が丁寧に寄り添い、一緒に受け止めるなどの共感的な関わりが大切です。

人、もの、ことなどを重ね合わせて安心できる環境になっていく

身近な生活用具やおもちゃ、絵本など子どもが身の回りのものに興味や好奇心をもったことに対して、保育者が温かく応答することが大切です。安心できる人、安心できるものなど様々な環境が組み合わさることで、子どもが安心できる環境につながっていきます。

Q 2 乳児期の環境で注意することは？

【 0歳ごろ 】

0歳児クラスの担任になり、新入園児の担当を任せられましたが、泣きやまないことが多くあり、どうして泣いているのか分かりません。子どもが安定して過ごすためにはどのような工夫が必要ですか。

なぜだろう？ 保育者のギモン

今まであそんでいたと思ったら、急に泣き出してしまいました。泣き出した原因を考えてもどうしてか分かりません。泣きやんでくれないかと焦れば焦るほど、大声で泣き、乳児との関わりは難しいと感じています。

保育者

一度泣き出すと、
何をしても泣き止みません。
また、おもちゃの上に立ち、
転びそうな子もいます。

お答えします！ 解決の糸口

まずは、連絡帳から、家庭での食事内容や睡眠時間や健康状態を把握します。連絡帳の記録から泣く理由が分からなかったら、保育者がゆったりとした気持ちで、抱っこしたり、その子の好きなおもちゃで一緒にあそんでみましょう。

例 子どもが興味津々でたくさんおもちゃを出し、その上に立って転倒した場合。

乳児にとって探索活動は、とても大切です。その空間を保障するには、清潔なおもちゃやスペースの中で、安全を守るために転倒してもケガが防げる柔らかい素材を敷き、環境を整えましょう。

保育者

おもちゃは整理して
環境を整えましょう。また、多く
出しすぎないようにしましょう。

危険を回避するために、おもちゃやあそぶものを少なくし、片付けてしまうことのないようにしましょう。また、子どもが使ったおもちゃが出しっぱなしにならないようにしましょう。

NG

ゆったりとした気持ちで接しましょう

保育者は、どんな時も焦らず子どもと関わりましょう。ゆったりとした気持ちでいろいろな方面から、その子の泣いている理由を考え、また、普段その子が喜ぶあそびや方法で試してみましょう。

Point

探索活動を大切に！

乳児は、なんでも口にしてしまいます。また、触ったり、投げたりの探索活動も活発です。乳児にとってそれらは、大切な活動ですから、安心、安全、安定した環境をつくることができるとよいでしょう。

3 戸外の環境を豊かにするには?

戸外でいろいろな経験ができるようにできるだけお散歩に出かけています。
しかし、公園には乳児用の遊具が少ないのが悩みです。

【 1歳ごろ 】

（保育者）
今日もお天気がいいので、
お散歩に行ってきます！

（保育者）
さて、今日は○○公園まで
行きますよ。

なぜだろう？ 〔保育者のギモン〕

戸外にお散歩に行くことが日課になっています。公園に行くのですが、乳児用が少なく、あそびが限られてしまいます。園には小さい園庭がありますが、午前中は散歩に出ることが決まっているためほとんど園庭を使いません。毎日、お散歩に行く必要はあるのでしょうか。

お答えします！ 〔解決の糸口〕

園の立地条件によりますが、散歩に出ることだけが経験を豊かにするわけではありません。今日は、散歩に出かけることが○○さんには必要でしょうか。散歩を保育の内容に位置付けることは、園内ではできない出会いや体験がたくさんあるからです。

> **保育者**
>
> 今日の公園の遊具は○○さんには
> 大きいから、0歳児と園庭で
> あそんだほうよいと思うのですが。

> 園庭にスロープを出して
> 行き来できるようにしましょうか。
>
> **保育者**

園内でもできる経験であるのか、散歩だからこそできる経験なのかを検討しましょう。散歩のねらいや内容をもった上で、一人ひとりの発達にあった経験ができるようにしていくことが大切です。

毎日散歩に行くことで、体験が豊かになっていると思い込むことがあります。散歩に行きさえすれば体験が豊かになるのでなく、子どもがそこで何を経験するかを考える必要があります。

Check

あそびの様子から

園庭では何ができるのか園内では何ができるのか。一人ひとりの子どもの様子を見ながら必要な体験ができるような環境をつくることが大切です。散歩以外でも様々な体験ができるような環境をつくりましょう。

Point

チームワークを生かして

一人ひとりの発達に添うためにはチームワークが大切です。クラスの枠にとらわれずに子どもの発達に合った経験ができるように子どもの理解を共有して柔軟に対応することで、その子の発達に応じた環境で過ごすことができるようになります。

Q 4 教材研究はどうして大切なの?

教材研究とは、どのようなものなのか、どのようにしてやればよいのかが分かりません。教材研究はなぜ大切なのですか?

【1・2歳ごろ】

（保育者）

積み木を並べてあそんだり、
ままごとあそびをしたり
してほしいな。

せっかく積んだり並べたり
しても壊してしまう……。

（保育者）

なぜだろう? 〔保育者のギモン〕

子どもたちが遊具を使って、保育者の想像していたあそび方とは異なるあそび方を楽しんでいます。このままでよいのでしょうか。

お答えします! 〔解決の糸口〕

子どもの成長に必要な教材を選ぶには、保育者自身が教材について深い知識をもっていることが必要です。「子どもが何を楽しんでいるのか」「その教材は子どものどのような体験につながるのか」などを常に意識しながら環境を整えていきましょう。

保育者

高く積めるかな。

子ども

キャー、たおれた。

積み木を崩すことを楽しんでいる子どもの気持ちを受け止め、繰り返し積み上げるなど子どもの好奇心に応じ、一緒に楽しみながらあそんでいきましょう。

崩すことを注意するなど、保育者の意図が強すぎるあまり、遊具の使い方やあそび方を限定してしまわないようにしましょう。

NG

個々の発達に応じて
必要な体験につながる教材を選ぶ

1、2歳の時期には個々の発達の差が大きく、みんなが同じようにあそびを楽しむとは限りません。行動範囲の広がりとともに、見たり触れたり感じたりするものが増え、興味や関心の幅を広げていく時期です。一人ひとりの興味や関心、発達の状況などを保育者が的確に捉え、子どもにとって必要な時期に必要な体験につながる教材を提示していけるよう教材研究が大切です。

Point

子どもが自分なりの楽しみ方で
関わることができる教材を提示する

保育者の意図のみで教材を提示するのではなく、子どもの発達の状況を把握し、子ども自身が教材の新たな扱い方や意味を発見することもあることも意識し、発達の状況に即した形や大きさのおもちゃや遊具など、子どもが自分なりの発想で楽しむことができる教材を提示していくことが大切です。

Q 5 繰り返し試すことのできるあそびは?

繰り返し試すことができるようにするにはどうすればよいですか。

【1・2歳ごろ】

子ども

> がたんごたん、がたんごとん。

なぜだろう?

保育者のギモン

いつも同じ色の積み木ばかりを使ってあそんでいます。電車に見立てるのはいいけれど、違う色や形も使わなくてよいのでしょうか。

お答えします!

解決の糸口

子どもは徐々に色や形に興味をもち始めます。「今日は青い電車だね」とブロックの色を一言添えて、一緒にあそんでみましょう。

保育者

先生は赤い電車でがたんごとん。

子どもの想像に任せてみましょう。子どもたちが考えたイメージがありますので、そのまま受けとめ一緒にあそびましょう。

子ども

がたんごとん、がたんごとん。

形や色を間違いとして、指摘したり、正したりするのはやめましょう。

NG

子どもの思いや表現

子どもたちの想像力は、私たちの考えを超えていきます。子どもたちは、その時々の思いでつくるものが変化し、発展していきます。子どもの思いをそのまま受けとめ、認めてあげましょう。

Point

繰り返す中で想像力が豊かに

子どもたちは身近にあるものを見立ててあそぶ天才です。積み木やブロックなどは自由に見立て、繰り返し楽しむことができる遊具です。子どもの発想を受け止め、繰り返し楽しめるようにしましょう。

Q6 じっくりあそべる環境とは?

A児は、園庭、保育室どちらでも走ることが好きで、友達の使っているおもちゃが使いたいと、友達から奪い取ってしまうこともあります。少しの時間でもじっくりとあそぶことを楽しんでほしいと思います。どんな工夫が必要ですか。

保育者

お部屋の中は、
走ると危ないよ!

子ども

だって楽しいんだもの。

なぜだろう?
保育者のギモン

走り回ると友達とぶつかり危険です。注意した時はやめますが、またすぐに走り始めます。落ち着いてじっくりとあそぶ環境をつくりたいと思っていますが難しく感じています。

お答えします!
解決の糸口

危険なことへの認識や友達と仲よくあそぶことが難しい時期です。簡単なパズルや粘土あそびなど、個であそぶものに興味を示し、短時間ではありますが、じっくりとあそぶことができます。

子ども

Aさんがおもちゃ取ったの！

保育者

おもちゃを使いたかったら、
どんなふうに伝えればいいのかな？

「Bさん、Aさんはその〇〇を使いたかったって」「Aさん、〇〇を使いたかったら、かしてと言わなければいけなかったね」と実際に友達とのやり取りを二人に示してみましょう。

「Aさん、Bさんが使っていたおもちゃを取ったら、駄目でしょう。Bさんに返しなさい」と友達のおもちゃを取った場面だけで注意するにはよくありません。

NG

興味をもったあそびで個の充実を

足腰もしっかりし、走ったり、何にでも興味を示し、関わったりする時期です。その反面、危険を認識することは難しく、友達との関わりも自分が中心です。しかし、個のあそびでは興味をもつと驚くほど、じっくりと集中してあそびます。その場面を受け止め、大切にすることができるとよいでしょう。

Point

遊具やあそびの環境も見直してみましょう

自己中心的な2歳児。友達との関わりなどでトラブルがあった場合、その時の相手の気持ちを代弁し相手に伝え、やり取りを具体的に示すことが大切です。一場面を見て、すぐに解決しようとするのではなく、じっくりと解決しましょう。その繰り返しにより、友達との関わりのスキルを習得していきます。また、遊具や環境の見直しもしましょう。

7 保育室の環境は、いつ、何を変化させることが大切なの?

一人ひとりの生活やあそびが充実していくためにも、保育室の環境を変化させていくことが必要なことは分かりますが、いつ、どのように変えていくのがよいのか分かりません。

【 2歳ごろ 】

なぜだろう? 保育者のギモン

いつも同じおもちゃを同じ子どもが使っており、他の子どもが使いたい時に貸し借りが上手にできません。環境をいつ、何を変えたら一人ひとりのあそびの充実につながっていくのでしょうか。

お答えします! 解決の糸口

環境は、決まった時期に変化させていくものではありません。子どもの生活やあそびの展開、発達の状況などに応じて、遊具や用具などの置き場所や種類、数などを常に見直していくことが大切です。

子ども

僕も使いたいな

保育者

おもちゃの数は十分かな？

同じものを使いたいという子どもの気持ちを受けとめ、環境の中に十分な数の玩具を用意し、同じおもちゃを新たに出すなど、一人一人の子どもが興味をもったものに触れたり、あそびを楽しんだりできるようにしていきます。

「仲よく使いましょう」などと、常に子どもを待たせたり我慢させたり、おもちゃを取り上げたりすることのないよう、その時期の発達の状況に応じた援助をしていきましょう。

生活やあそびの状況に応じて
保育者が必要な環境を構成していく

いつも同じ環境が子どもにとってふさわしいとは限りません。子どもが環境に合わせるのではなく、保育者が子どもとやり取りしながら、おもちゃや遊具を出したり、場の構成を行ったりなど、子どもの発達の状況やあそびに応じて、生活の仕方やあそびの環境を整えていくことが大切です。

一人ひとりの個人差に柔軟かつ
丁寧に対応する

一人ひとりが情緒を安定させ、安心して自分の興味をもったあそびや生活を楽しむことができるよう、空間の活用や家具の配置、遊具の種類や数などを考慮して環境を構成していきましょう。その際、様々な感情を受け止めてくれる存在としての保育者の役割が何より重要となります。

8 発達を捉えて環境を構成するには?

季節の活動など同じテーマの活動をどの学年でも行うことがあります。同じ活動なら、同じねらいや援助、環境構成でいいのでしょうか。それとも、発達の違いによって環境を変化させる必要があるのでしょうか。

【 3歳ごろ 】

子ども

先生！　色水やりたーい。

保育者

じゃあ、去年と同じ道具を
そのまま用意すればいいのかな？

なぜだろう？ 保育者のギモン

初夏になると、きれいな花々が目につき、水の感触が気持ちいいことから、どの学年の子からも色水あそびのリクエストが出てきます。同じ活動をしているのなら、環境構成は同じでいいと思うのですが、発達によって変える必要があるのはなぜですか。

お答えします！ 解決の糸口

同じような活動をしているように思えても、学年によって、子どもたちの取り組み方や興味や関心のもち方も変わってきます。保育者のもつねらいも違ってきますね。それに合わせて、環境構成も変える必要がでてきます。

3歳児

先生、きれいな色が出たよ!

5歳児

どうしたら、
きれいなオレンジ色の
色水ができるかなー。

子どもたちの発達や状況に合わせて、どのような環境を用意したらいいかを考えましょう。

活動ごとに用具を整理して片付けてあるのはいいことですが、子どもたちの様子を見ずにそのまま出してしまうと、その時期に大事にしたい子どもの育ちを損なうこともあります。

NG

3歳児に対しては?

一人ひとりの興味や関心、やりたいという意欲を大切にしましょう。そのために、十分な量の花や道具を用意しておく必要があります。一人ひとりの子どもたちの楽しさ、発見の喜びや驚き、美しさに感動する気持ちを丁寧に受け止めていきましょう。使いやすい道具をできれば人数分用意し、それぞれの子どもたちが満足いくまで活動を楽しめるようにします。

Point

5歳児に対しては?

よりきれいな色水ができるように、様々な色が出るようにと、友達と一緒に工夫したり、試したりする姿が見られます。道具や植物を保育者が全て用意してしまうのではなく、子どもたちのアイデアを取り入れながら一緒に環境構成をしましょう。また、色水を使ってごっこあそびをしたり、染め物をしたりというあそびの発展も見られます。

9 保育者の意図はなぜ大切?

子どもの主体性を大切にする保育を目指しています。その保育の中で、保育者の意図も大切だと聞きましたが、どうして大切なのか分かりません。

【 3歳ごろ 】

子ども

みてみて！
これすごいでしょ!!

子ども

……。

なぜだろう？
保育者のギモン

自分のあそびは熱中してあそんでいるけれど、他の友達のあそびにはあまり興味を示しません。それぞれのあそびを楽しんでいる様子があります。このまま見守ればよいのでしょうか。

お答えします！
解決の糸口

個々のあそびは大切ですが、保育者は集団と個の学びを意図的に絡ませることも大切です。そのためには、他の子どもたちがどんなことをして楽しんでいるかを知ることも大切です。

保育者

〇〇さんはこんなことを
してあそんでいたみたいだよ。
△△さんは何をしてあそんでいたの?

子ども

楽しそうだね!　明日やってみようかな。

昼食時や帰りの集まりの際に、「今日は、こんなことしていたね」とみんなと共有する時間が大切です。個々のあそびだけでなく他者のあそびに興味がもてるような意図的な環境が必要です。すると自然といろいろなあそびに興味をもち始めます。

他者のあそびに興味をもつように、今あそんでいるあそびを中断してまで声をかけ、あそびに連れ出してしまうことはやめましょう。自分から次のあそびへの興味が芽生えるまで待つことも大切な意図です。

NG

話し合う環境の設定

保育者が一方的に聞くのではなく、みんなが聞きやすいような環境を設定することが大切です。例えば、丸く座りお互いの顔が見えるように話し合いの場を設けることも保育者の意図の一つです。

point

時には保育者が伝える役になる

まだ言語化することの難しい年齢の子どもたちもいますので、保育者があそびを見守りながらその子がどんなことに夢中なのかを見ておき、みんなに代弁して話すことも必要です。あそびの広がりとともに、その子の自己肯定感も培われますね。

10 Q 計画的な環境構成とは?

計画的な環境構成が大切と言われますが、計画の立て方が分かりません。また、それは計画通りに進めたほうがいいのですか?

【 3歳ごろ 】

> 子ども
> この作った船をプールに浮かばせに行こう!!

> 保育者
> プールに行けるか聞いておいてあげるから明日行こうね!

なぜだろう? 保育者のギモン

このような場面で、保育者はプールに行かせていいのか悩んでしまいますね。すぐに判断ができず、次の日になってしまうこともありますが、「今」の気持ちのままあそばせてあげたいです。

お答えします! 解決の糸口

子どもたちが興味をもち始めたあそびを、保育者がいくつものパターンで予測し、あらかじめ準備をしておくことが大切です。実際にモノを準備する必要はありませんが、保育者の頭の中で準備しておくとよいかもしれません。

保育者

こんなことをして楽しんでいたよ。

保育者

こんなことに興味が向くかもしれないね。

子どもたちのあそびを通して、保育者同士でそのあそびの興味の可能性を話し合う時間が大切です。あそびを一側面で捉えるのではなく、多くの先生のたくさんの思考で多角的に捉えることで様々なあそびの拡がりや、子どもたちの様々な要求に対応することができるようになります。

また、たくさんの保育者と話し合いを重ねることで子どもたちを一緒に見守ることができる集団になっていきます。これも計画的な環境構成をつくるために大切なことです。

考えを可視化してみましょう

自分の考えや他の保育者との会話を可視化することも大切です。付箋紙を使用した「KJ法」や「保育WEB」といった手法を使いながら可視化することで、会話の幅が広がります。自分たちが予期していなかったあそびを見つけることができる方法の一つです。

Point

計画は予定通りに進まなくてもいい

計画的に環境を構成しても、子どもたちが、思いもよらないところに興味をもったり、予測した通りにならなかったりと実際に保育をしていると戸惑うこともあります。計画通りに進めようとせず、そのあそびを見つめ直し、振り返りをすることでまた柔軟的に計画を立て直すことができます。計画通りに進めなくてもいいと思うことも大切です。

11 長期的な流れを見通して考えるには?

子どもたちの長期的な流れを見通して環境を構成するためには、何をどのように考えていけばいいのでしょうか。

【 3歳ごろ 】

子ども

これは工事のトラック。
僕が使う!

子ども

これは配達する車!
お荷物を届けるんだよ!
僕の!

なぜだろう?
〔保育者のギモン〕

　3歳児は、並行あそびであることが多い時期。少しずつ友達と一緒のイメージであそんでほしいと思います。そのために、砂あそびの際に、大きなトラックを用意して一緒にあそべるようにしてみましたが、取り合いのけんかになってしまいます。

お答えします!
〔解決の糸口〕

　幼児教育のねらいは方向目標であり、一朝一夕に達成できるものではありません。そのため長期的な流れを考えた視点が必要です。発達段階や子どもの様子から、今大切にするべきことは何かを考えた環境構成をしましょう。

3歳児の保育者

一人ひとりが満足してあそべるように
たくさんトラックを用意しましょう。

「どうして取り合いになっちゃったのかな?」
「○○さんは何に使いたかったの?」
「どうすればいいと思う?」など、
子どもと考えましょう。

4歳児の保育者

3歳児はまだ、自分のイメージの
世界で満足いくまであそぶことが
大切な時期です。じっくりとあそ
べるような環境構成が大切です。
できたら、遊具を導入する際は、
十分な数があるとよいでしょう。

子どもの思いも聞かずに、納
得していないのに「友達と仲
よくね」と保育者の価値観を
押し付けるのはやめましょう。

NG

長期の指導計画の考え方

長期の指導計画は、子どもの発達段階を考え
て作られています。子どもへの願いはいろい
ろありますが、様々な発達段階を経て成長し
ていくものです。子どもたちの時期ごとの発
達の状態を理解した上で、目の前の子どもた
ちの様子を把握し、「今はこういうことを大
事にしたい」という思いをはっきりもって環
境構成を考えていきましょう。

目の前の子どもを見た時に

「長期の指導計画に書いてある子どもの様子
と、目の前の子どもの様子が違う」と感じる
時には、指導計画にとらわれすぎることはあ
りません。その年、その年によって子どもた
ちは違うものです。また、一人ひとりの個人
差もあります。今はどのような状態なのか、
しっかりと記録に書き留めながら、柔軟に変
更しながら計画を立てましょう。

Point

12 片付けやすい環境をつくりたい。どうすればいいの?

子どもたちが素材や遊具をたくさん使ってあそびを楽しむことはよいのですが、その後の片付けを嫌がったり、片付け終わるまでに時間がかかったりして指導に困る時があります。片付けの指導においてポイントはなんですか。

子ども

先生、これ、どこにしまうの?

保育者

そのお皿と同じ写真を
貼ってある場所に
戻しておいてね。

なぜだろう? 保育者のギモン

使ったら片付ける、出したら元の場所に戻す、ということを子どもがスムーズにできるようにしたいのですが、どのように工夫したらよいでしょうか。

お答えします! 解決の糸口

保育室のレイアウトやあそびの場を考え、さらには動線を意識して棚やカゴ、仕切りやワゴンなどに「仲間集め」ができるようにします。写真やイラストなどで分かるように表示を付け、「物のお家」としておくと片付けやすく、あそびやすさにもなります。

【保育者】

> あそびの様子を考えながら
> 素材置き場や用具の置き方を工夫しよう。

【保育者】

> 必要な物を必要な分だけ取り出せたり
> 使えたりするようにしておきたい。

様子に合わせて素材や用具、遊具の見直しをすることが必要です。人数分以上に用意した方がよいものや、要求された時に取り出せるようにしておくなど、意図的に数や種類を出しておきます。あそびの継続を考え、子どもとともに片付け方を相談することも大切です。

ハサミやセロテープ台など危険を伴うことがあるものは管理できる数にし、紙やペンなどは豊富に用意しても片付け場所が煩雑になることもあります。先生の注意が多い時は物の出し方に課題があるかもしれません。

Check

片付けもあそびに

四角い箱に床上積み木を平らに並べて片付ける、中型の積み木を種類ごとに分けて片付ける、などパズルのように形を組み合わせて片付けることも子どもは面白がって行います。最初は置いて置くだけ、入れておくだけなどの物の片付けなどもきちんとそろうと気持ちいい、並べることや色や形で整理されることなどで徐々に片付けが気持ちよさにつながることも伝えたいものです。

Point

友達も使う物

個人用の持ち物以外はみんなで使う物です。ぐちゃぐちゃな紙や描けないペンなどはあそびには使えなくなります。次に使う人が使えるように、物の特性を伝えながら片付け方を繰り返し指導します。片付け場所が分かりやすく見えやすく取り出しやすいような工夫も必要です。

13 幼児期に大切な環境のポイントは?

ワクワクする生活をどうやって考えればよいかが分かりません。ワクワクドキドキする環境をつくるにはどうしたらよいですか。

【 3歳〜 】

なぜだろう？ 保育者のギモン

子どもたちは、毎日、たくさんの会話をします。その会話はワクワクがたくさん詰まっていることがあります。私たちはその会話から、どうやってワクワクする環境をつくればいいのですか。

お答えします！ 解決の糸口

子どもたちは私たち大人以上に、毎日がドキドキでワクワクです。そのドキドキした気持ちや、ワクワクしている想いを保育者が一緒に楽しもうとすることが大切です。

子どもの「やりたい」に突発的に乗ってみることも大切です。計画性をもって環境を設定することも大切ですが、子どもたちの「今」の気持ちに寄り添い、あそびを始めていくことも大切です。

保育者

それなら、ここでやってみようか！

子ども

え！ 本当？ やりたい!!

子どもたちの何気ない会話や行動を、「すごいね！」「ありがとう」で終わらせてばかりいると、子どもたちの意欲的な気持ちを逃してしまっていることもあるかもしれませんね。

—— Check

子どもを知ること！
心をキャッチすること！

その子がどんなことに興味があるのか、どんなことが得意なのかを生活を通して知っていると、子どもたちの心をキャッチしやすくなります。すると、子どもたちはドキドキワクワクする生活を過ごしていきます。

Point

保育者も子どもと一緒に
ワクワクしよう

保育者もワクワクすることがとても大切です。子どもたちとの会話にいつもワクワクし、一緒に楽しんでくれる保育者がいることが、子どもたちのワクワクドキドキする環境づくりに一番大切な要素です。

Q14 環境としての保育者の役割とは?

保育者も環境の一つであると言われていますが、環境としての保育者の役割とは何をしたらよいのですか。

【 4歳ごろ 】

子ども

もう面白くないからやめる……。

なぜだろう？ 保育者のギモン

子どもたちが興味をもってあそび始めた "空き箱あそび" でしたが、途中で飽きちゃったのでしょうか。もう少し継続したい場合はどうすればいいのでしょうか。

お答えします！ 解決の糸口

空き箱あそびのようなあそびでは、イメージを形にしようとしたり、作ったものからイメージしたりします。しかし、子どものイメージを見守ってばかりだと、うまく形づくれず飽きてしまうこともあります。

子ども

船ってどんな形だったかな？

子どものイメージが広がるような写真や図鑑などを用意してあげるとイメージが広がります。それと同時に相談役にもなることも大切です。

保育者

この写真（図鑑）を一緒によく見てみようか。

自分たちで作っているからといって、見ているだけでいることはやめましょう。子どもたちの興味の先を探していくことも大切です。

NG

物的環境を用意する保育者

子どもたちの中にはイメージを豊かに製作したい子も、何かを頼りに制作したい子もいます。どちらの子どもたちにとってもイメージを豊かにする写真や本をあそんでいる近くに、何気なく用意されていると子どもたちのあそびの手助けになります。

Point

人的環境として相談相手の保育者

「ここをこうして」「ここはこうして」というアドバイスをするのではなく、子どもたちの思考の戸惑いに「どうしようか」と相談することが大切です。見ているだけでなく教えるだけでなく、相談に乗ることが大切です。

子どもの意欲を引き出すためには?

子どもたちに主体的に、いきいきと活動に取り組んで欲しいと思います。子どもたちの意欲を引き出すためには、どのような援助や環境構成が必要でしょうか。

【 4歳ごろ 】

保育者

材料を用意しておいたんだけど、お料理つくらない?

子ども

このブロック、ハンバーガーね。お手玉がおにぎり……。

なぜだろう?
保育者のギモン

子どもたちがいつも楽しくあそんでいるおままごと。とりあえずままごとコーナーにいるという感じで、なんだかマンネリになっている気がします。子どもたちが意欲的に活動に取り組むためにはどうしたらいいのでしょうか。

お答えします!
解決の糸口

ままごとコーナーに、ずっと同じものが同じように置いてありませんか。子どもたちのあそびをよく見て、楽しそうなアイデアが出たら、実現していけるようにものを用意したり、一緒につくったりなどしてみましょう。

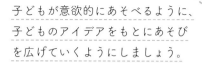

子ども

ねえ、今日、誕生日の
パーティをするのはどう？

保育者

わー、楽しそう。
じゃあ、何が必要かな。

子どもが意欲的にあそべるように、子どものアイデアをもとにあそびを広げていくようにしましょう。

保育者のアイデアばかりを前面に出してしまっては、子ども主体のあそびではなくなってしまいます。結局、子どもはそこであそばせてもらっていることになり、あそびへの意欲も低下してしまいます。

NG

ごっこあそびの4つの要素

特にごっこあそびは「場づくり」「役割」「エピソード」「エピソードに必要なものつくり」の4つがあそびを楽しくする要素だと考えられます。子どもたちと一緒にあそびながら、この4つができているかよく見ていくとよいと思います。あそびの中で、子どもたちからアイデアとして出てきたときは、それを共有できるようにしましょう。

Point

子どもたちのアイデアを拾おう

保育者があそびを仕切ってしまうのではなく、子どもたちが進めていくということを大切にしましょう。そのためには、子どもの声を拾っていくことが大切です。そのアイデアをどのように形にしていくかを子どもと一緒に考えることで、自分たちで考えたことが実現していく面白さを味わい、主体性や意欲が身に付きます。

16 自然環境はどうして大切なの？

保育室内は、保育者が意図的に子どもの育ちを促すような環境構成をすることができますが、自然環境は思うように環境構成できません。自然環境が大切であると言われますが、なぜですか。保育室の環境と自然環境の違いについて知りたいです。

【 4歳ごろ 】

保育者

今日は、園庭で探検ごっこをしようと思っていたのに、雨が降ってきちゃった。

保育者

計画通りにいかないから自然環境は難しいのよね。

なぜだろう？

保育者のギモン

戸外の環境を活用してあそぶ計画を立てたのですが、天候や気候に左右されることがあったり、安全面で室内より多くの配慮が必要になったりします。自然環境はどうして必要なのですか。

お答えします！

解決の糸口

子どもたちは、保育室では体験できない、自然の不思議さ、美しさ、時には厳しさなどが体験できます。これらは子どもたちの感性を豊かにし、環境に親しみ、興味や関心をもって関わる中で知性を拓きます。

子ども

> 先生！　なんで空は青いの？

保育者

> 不思議だね。一緒に調べてみよう。

子どもたちが自然の中で、発見することやものを共感的に受け止めましょう。共感してくれる保育者の言葉や表情が、自然との関わりに対しての興味や関心を強くします。

「なんでかな？」と子どもが質問してくることがありますが、即答する必要はありません。不思議なことを「不思議だね」と受けとめることがまず大切です。あとで、一緒に調べてみるのもいいですね。

Check

時にはうまくいかないことも……

例えば栽培物。日光・水・温度など様々な条件がそろわないと成長しません。保育者がすべて計算して、子どもたちに与え、栽培の喜びを感じさせることも年齢によっては必要でしょう。でも、自然を相手にすると、意図するしないに関わらず、うまくいかないこともあります。原因を子どもたちと考えることも学びの一つと捉えましょう。

Point

雨の日だって素敵！

「園庭の探検ごっこをしようと思っていたのに雨が降ってきちゃった」ということもあるかもしれません。思うようにならないのが自然環境です。そんな時には、思い切って雨の中のお散歩はどうでしょうか。傘に当たる雨の音を感じたり、木の下は雨が当たらないことに気付いたり。晴れの日にはできない体験ができます。

17 数に興味をもつことができる環境にするにはどうしたらよい？

日常の中で数に興味をもつようになるには、どんなあそびがありますか。
保育者は何をするとよいのでしょうか。

【 4歳ごろ 】

子ども

先生、泥団子作ったよ。

保育者

たくさん泥団子を作ったね。
いくつあるか数えてみようか。

なぜだろう？　保育者のギモン

数に興味をもてるようにしたいと思っているのですが、数に興味をもつ環境はどのようにつくればよいでしょう？

お答えします！　解決の糸口

わざわざ数字や数を数えるような環境をつくる必要はありません。子どもがあそびの中で、数に関心をよせ、子どもなりに決まりを発見し、楽しくあそべるように保育者も関わりましょう。

数の概念に興味をもてるようにするあそびの一つに、すごろくあそびがあります。すごろくに使用するものは、大きいものがよいでしょう。サイコロを振って楽しみながら声を出して数えましょう。

保育者のほうが先導するような形で数を数えることがないようにしましょう。あくまでも子どもたち同士で数えさせましょう。

NG

保育者

正しく数えられていたら
声は出さないようにしよう。

子どものあそびの中で捉える

子どもたちが楽しくあそんでいる中でも数を数える場面はたくさんあります。その環境を逃さず捉えて、あそびの中で数を数える機会をもたせるようにしましょう。楽しみながら数の数え方や概念を自然に覚えます。

Point

日常行われることの環境の中で数の概念が育まれるあそび

例えば手つなぎ鬼の中でもあそびから数の概念が育まれます。手をつなぐ人数の数を変えてみたり、分かれる人数の数を変えるなどして条件を設定して遊ぶ環境をつくったり、ごっこあそびの中でお金を作成したり、数えたりすることでも育まれます。すごろくもサイコロ作りから始めると、より数に興味をもてるでしょう。

18 体験の多様性と関連性とは?

体験の多様性と関連性が大切と言われますが、具体的にはどのようなことですか。
また、何が大切なのでしょうか。

【 4歳ごろ 】

がんばれー。走るのはやいね!

保育者

年長児を応援することを
楽しんでいるな。
運動会が終わったら、
どんなあそびをしよう?

なぜだろう? 保育者のギモン

どうして体験の多様性や体験の関連性が大切なのですか?

お答えします! 解決の糸口

面白い、うれしい、悲しい、驚く、不思議など、様々な情動や心情が湧いてくるような心を動かされる体験は、子どもの学びや新たな興味や関心を生み、次の活動につながっていきます。また、一つ一つの体験は関連性をもつことにより深まっていきます。

子ども
年長さんみたいに走りたい!

子ども
走るの楽しいな。よーし、負けないぞ!

運動会で5歳児のリレーを見て応援した体験から、自分たちもやってみたいという子どもの気持ちを大切にし、4歳児でも楽しめる環境やあそび方を提示していきましょう。あそびを十分に楽しむことが、あそびの充実や自分たちがリレーをすることへの期待につながっていきます。思い切り走る心地よさ、バトンを渡すことや一緒に走ることでの友達との触れ合い、5歳児への憧れの気持ちなど、一人ひとりが体験していることを受けとめ共感していきましょう。

point

子どもの体験、興味や関心、学んだことなどを理解し、共有する

体験を次につなげるためには、まず、子どもの体験を理解することが必要です。保育者は一人ひとりの体験に目を向け、子どもの体験を共有し、共感するようにしていきます。そこから学んだこと、興味や関心をもったことを理解し、それを追究したり発展させたりできるような環境の構成に配慮していきましょう。

記録をとり、振り返る

多様な体験がつながるようにするためには、記録をとって振り返り、関連性を明らかにしていくことも大切です。あそびの場面の子どもの言葉や様子を記録したり、その時の環境を写真に残したりなど記録の方法は様々あります。記録から子どもが何を体験しているのかを読み取り、短期的・長期的両方の視点から体験の関連性を考えていくことが大切です。

19 「環境を見直して」と言われたけれど、どうしたらいいの?

先輩の先生から、「環境を見直してみて」と言われました。見直すといっても、何をどこから見直したらよいのか分かりません。

【 4歳ごろ 】

保育者

何かを変えないと
いけないのかな……。
でも、なぜそんなことを
言われたのだろう。

なぜだろう? 保育者のギモン

「見直す」ということは、物の場所や置き方など何か変えなくてはいけないのかなと思います。しかし、なぜそのように言われたのかが分からない時は、特に困ってしまいます。何から考えて、何を変えたらよいのでしょうか。

お答えします! 解決の糸口

子どもの姿から安全面はどうだったか? 興味や関心は何だったか? 意欲的にあそびを楽しんでいたか? これまでの経験を考えて用意している教材はふさわしいか? などに着目してみましょう。先輩の先生に直接聞いてみるのもよいですね。

保育者

> なるほど、作ってあそぶ楽しさが
> もっと味わえるようにしてみよう。

先輩保育者

> 作ったものに愛着をもって
> 関われるようにすることも大切ね。

切ったり貼ったりして、作ってあそぶことを楽しんでいるので、既製のごちそうは片付け、ままごとの場の近くに簡単に作ることのできる材料を用意しました。作って終わりではなく、その後どのように扱うかも必要な視点です。

意味なく頻繁に物の位置を変え過ぎても、幼児は変化に不安になったり、幼児自身が見通しをもちにくく主体的な活動を妨げたりすることになってしまうので、留意しましょう。

NG

Point

環境は子どもの動きや発達に応じて変化させることが必要

子どもの姿や動きの意味を考え、その都度、経験してほしいことや意図を環境に込めて、変化させていきます。「こんなものがあったらいいな」と新たに教材や遊具を加えていくことが多いと思いますが、不必要なものはしまうことも必要です。子ども自身が取り出しやすく片付けやすい物の配置になっているかも見直すポイントです。

人間関係にも視点を当てて、空間や動線にも配慮する

様々な素材や材料、教材や遊具など、物との関わり方だけでなく、人との関わり方にも目を向けてみましょう。発達の段階によって、友達との関わりが生まれたり、仲間とのあそびがより楽しくなったりするように、それぞれのあそびの場の位置や子どもの動線などを考えて、机や棚の位置を見直したり、空間の広さを調整したりしましょう。

20 環境の再構成の仕方が分からない。どのようにすればいいの？

【 4歳ごろ 】

「環境の再構成が大切」と言われたのですが、何を見て、どんなタイミングで再構成をすればよいのか見当がつきません。再構成はどのようにすればいいのでしょうか。

子ども

私のかき氷屋さんに
誰も来てくれないからやめる！

保育者

まだやり始めたばかりだから
すぐにやめないで。
もっとかき氷を
つくったらいいんじゃないかな。

なぜだろう？ 〈保育者のギモン〉

やり始めたあそびはすぐにやめずにじっくりと楽しんでほしいのですが、すぐに「つまらない」「もうやめた」とあそびが長続きしない様子が気になります。どうしたらじっくりとあそぶようになるのでしょうか。環境の再構成が必要なのでしょうか。

お答えします！ 〈解決の糸口〉

子どもが自分の始めたあそびを継続して楽しむためには、様々な環境の条件が必要になってきます。じっくりとあそぶ、夢中になってあそぶためには、子どもの興味・関心、道具や場所、人との関わり等の状況を捉えて援助をすることが、環境の再構成につながっていきます。

保育者

○○さん、このかき氷屋さんあっちの
ショッピングモールにお引越ししない？
○○さんたちのお店だけだから寂しいんだって。

子ども

いま、○○さんに
かき氷つくっているの。

お客さんに来てほしいA児の気持ちが満足できるように店の場所を移動させました。子ども同士が関わりながらあそぶことができるように環境の再構成をしたことで、A子はあそびを継続して楽しむことができるようになりました。

あそびを継続させるために、言葉で保育者の要求を伝えたり一方的に提案をすることではあそびが楽しくなりません。環境の再構成にもつながりません。

NG

あそびの状況をよく見ることから

まずはあそびの中で子どもが楽しんでいることを捉えましょう。そして、楽しんでいることが一層楽しくなるようにするためには、何が必要かを考えて必要に応じて環境を変化させていきます。これが、十分にあそびを楽しむための環境の再構成となるのです。

Point

人との関わりや動線にも注目する

環境の再構成というとモノの配置や種類、場所の使い方といった物的環境に意識がいきがちですが、人との関わりからの視点も大切です。友達と関わってあそぶことやあそびの動線が重ならないようにするためという視点からも、環境の再構成は大切な役割を果たします。

21 Q 子ども同士の関わりが生まれる環境とは?

子どもたちがあそびや生活のことについて、保育者を頼り過ぎずに自分たちで互いに情報を伝え合ったり知らせ合ったりするような、関わりが生み出されるような環境はどうすればできますか。

【 4・5歳 】

保育者のギモン

なぜだろう?

子どもは自分の興味をもったこと、友達のしている楽しそうなことが気になる時など、自分でもやってみたくなったり試したり確かめたりしたいものです。保育者の同意を得なくても、できることは子ども同士で伝え合ってほしいですが、4・5歳児は難しいでしょうか。

お答えします!

解決の糸口

保育者があえて子どもの質問に即答せず、友達に聞いてみるように促してみるなど、見守ることも時には必要です。素材や用具、遊具などは普段の環境の作り方や新しいものを出す時のタイミング、興味をもちそうなものの出し方など、子ども同士が情報を集めたり伝え合ったりできる力を育てるための工夫を考えていきましょう。

子ども

先生、その乳酸菌飲料の容器はどこにあるの?その容器でどうやってカブトムシを作ったの?

保育者

作っている〇〇さんに聞いてみてはどうかな。

4歳児
私もトントン相撲の仲間に入りたい！

5歳児
お相撲さんを作ってきたら
仲間に入ってもいいよ。

同じものを持っていないと仲間に入れないあそびもあります。学級の中で、子どもたちに流行しそうなものは数を豊富に用意しておきます。あそびの参加が「同じものを持つ」という条件であるのなら、それが作れるような援助をしていきます。保育者がすぐに作ることを手助けするのではなく、異年齢間のあそびであれば5歳児に聞きに行くことに付き合ったり、4歳児に分かりやすく説明できるよう言葉を補ったりすることで関わりがうまれます。あそびを楽しんでいる5歳児の邪魔はしないように気を付けながら、関わりがうまれる機会が円滑にできるような橋渡しをしていきます。

子ども同士が関わる大切さ

保育者の指示を聞いてあそぶ、保育者に聞かないと行動ができない、ということでは、主体性や友達関係が育まれにくくなります。情報を収集することや周囲の状況に気付いて言動することなどで、保育者に依存するのではなく、自分で考えたり、友達と伝え合ったりする姿にもなっていきます。規範意識、社会性、自立心などを培うことにもつながります。

Point

子ども同士の関わりが生まれる環境とは

一緒にあそびや生活をするために環境を整え、選択できるようにします。年齢の違う子ども同士であれば教えたり尋ねたりするなどもできるように援助します。集団生活の中で自分の物、学級みんなの物、選んで使う物などがありますが、必要な物、ほしい情報、気になる用具や素材など発達や時期、タイミングに合わせて用意することが大切です。

22 Q 教材の準備はどのようにすればいいの？

子どもたちの教材はどのように用意しておけばよいのでしょうか。

【 5歳 】

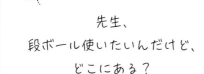

子ども

先生、
段ボール使いたいんだけど、
どこにある？

保育者

あっちにあるよ、
ちょっと待ってね。

なぜだろう？ 保育者のギモン

子どもの製作意欲を大切にするために教材はどうやって提供したらよいでしょうか。またその環境はどうしたらよいでしょうか。

お答えします！ 解決の糸口

子どもたちが「使いたい」と思った時に、すぐに手に取れる環境が大切です。空き教室や廊下などに、空き箱や木の実などをたくさん置いておくだけでも、素晴らしい教材環境です。

> **子ども**
>
> 何色にしようかな。

多くの素材が選べ、手に取りやすい環境を設定することが大切です。「あの場所に行けば、○○がある」といった子どもたちの想いを支え、主体的に教材を探すことができる環境を目指しましょう。

子どもたちが、何を取ってきて何を作ろうとしているのかを観察することも大切です。その興味に合わせて準備する物を変えることも大切です。

—— Check

ルールは大切！

子どもたちの主体性を尊重しているつもりで、教材を無駄に使わせないことも大切です。新しい紙ばかりでなく、画用紙の端紙を利用し使い方を考えたり、工夫したりすることも大切です。資源を大切に扱うことも大切な学びです。子どもとルールをつくり、守れるようにしましょう。

Point

保護者との連携も大切

子どもたちは空き箱を使う製作や、木の実などの自然物も大好き。それを収集するのは保育者だけでなく、保護者にも協力を仰ぐことも大切なことです。間接的に、子どもたちがどんなことに興味があるのかを知ることもできますし、出かけた際の親子の会話にもつながります。

子どもの興味・関心に応じるには?

子どもの興味に応じることができるようにするには、どうしたらよいですか。

【 5歳ごろ 】

なぜだろう? 保育者のギモン

砂場で自然物を見立てながらあそびを楽しんでいる様子ですが、子どもたちの始めたあそびがより楽しくなるようにするには、どのようにしたらよいのでしょうか。

お答えします! 解決の糸口

子どもの呟きや姿から、「もっとやってみたい」と思う環境を考えます。5歳児は「本物らしい」ということに興味・関心や価値が高まる時期です。子どもの思いに寄り添い、本物らしく作ることのできる材料や道具を用意してみましょう。

子ども

> お誕生日ケーキみたいな、
> 白いクリームのついた
> いちごのケーキが作りたいな。

> 子ども
>
> どうして〇〇さんは硬いクリームなの？
> 私もやってみたい。

「どうして」と不思議に思ったり、自分でもやってみたいと試したり、「こうしたらどうだろう」と予測や見通しをもって関わろうとしたりする姿が見られたら、幼児自身が試行錯誤をして楽しむ過程を見守りましょう。

幼児の疑問ややってみようとしていることを、先回りして先にやり方を示すばかりでは、幼児自身の気付きを奪ったり、やる気を削いだりしてしまいかねません。

NG

『どうして』『こうしたら』等と子どもが思う様々な教材

日頃から「何だろう」「こうしてみたい」「どうして」「もっと知りたい」など、子どもの興味や関心を予測して、遊具や様子、材料の特性を踏まえながら、経験してほしいあそびや活動を計画的に用意しておくことが大切です。子どもが「思わずやってみたくなる」気持ちになって関われるように、また環境を構成していきましょう。

Point

一人ひとりの興味や関心に沿っていくように

子どもの呟きや言葉に耳を傾け、感じていることに思いを寄せましょう。同じあそびでも、子どもが一人ひとり思っていること、試したいこと、追究したいことなどは違います。それぞれの「やりたいこと」を実現したり、試行錯誤して繰り返し楽しんだりできるように、あそびの提案をしたり、場を整えたり、必要な遊具や材料を提示します。

24 Q 子どもが主体的に行動できる環境とは?

子どもが主体的に行動できる環境にしたいと思っているのですが、何に配慮してよいのかが分かりません。

【 5歳ごろ 】

保育者

楽器や音楽に触れて
あそぶことを楽しんでほしいな。
楽器あそびをやってみよう。

保育者

みんなで一緒に楽しんだことを
子どもたちが自らあそびに
取り入れたり関わったりしてほしい。

なぜだろう?
保育者のギモン

どうしたら子どもが周囲の環境に興味や関心をもち、あそびに取り入れるなど、自ら主体的に関わろうとする環境になっていくのでしょうか。

お答えします!
解決の糸口

環境は、保育者が計画して構成するだけではなく、子どもと共につくっていくものです。生活やあそびの中で、子どもが自由に扱えたり変化させたりできる場や遊具がどのくらい保障されているでしょうか。

子ども

演奏会が始まりまーす。

保育者

楽器に興味をもって自分たちであそびに
取り入れながら楽しんでいるな……。

舞台をつくって演奏会ごっこをし
たり、友達と見せ合ったりなどの
あそびを通して、楽器に触れたり
楽器の扱い方を理解していく姿を
大切にしていきましょう。また、
それが可能となるような環境を構
成していきましょう。

楽器はいつも楽器置き場で使
用するなど、使う場所や時間
が決まっているような制限を
作ったり、使い方やあそび方
を保育者の意図のみで限定し
たりしないようにしましょう。

NG

保育者の計画と子どもの
主体性とのバランスを考える

保育者は指導計画を作成し、子どもが主体的
に活動できるような場や空間、物、友達との出
会い、時間やその流れなどを考えていきます
が、「子どもも環境をつくり出す」ということ
を踏まえ、子どもがつくり出した場や物の見立
て、工夫などを取り上げることや、それが可能
となるよう、興味や関心がもてる環境や生活や
あそびの進め方を考えていくことが大切です。

point

環境の再構成が大切

子どもが環境に関わって生まれる活動は一つ
ではありません。そのため、保育者の予想と
は異なるあそびの展開も見られます。子ども
の発想や気付き、活動の展開などを大切にし、
提示する教材を工夫する、場の調整をする、
時間を保障するなど、計画を柔軟に捉え、変
化させたり、環境を再構成したりしていくこ
とも重要です。

25 子どもとともにつくる環境とは どのような環境?

子どもとともに環境をつくる際、子どもは何をするのでしょうか。保育者は何をすればよいのでしょうか。

【 5歳ごろ 】

子ども

ここで踊っていると、小さい組のお友達にぶつかって危ないね。

保育者

年少児への意識が
生まれているな。
この育ちを生かして
環境を工夫していきたい。

なぜだろう？ 保育者のギモン

「自分たちであそびや生活を作り出す」姿とは、実際にはどのような姿をイメージしたらよいのでしょうか。また、保育者として具体的にはどのようなことを投げかけたり、子どもと一緒にどんなことに取り組んだりしたらよいでしょうか。

お答えします！ 解決の糸口

「次は何をするのか」「何のためにするのか」ということを、主体的に活動にし、子ども自身が必要感をもって過ごしているかを捉えましょう。生活の仕方を子どもに委ねながら、少しずつ試行錯誤して作り出していけるとよいでしょう。

保育者

自分たちでいいことに気付いたね。
この場所はどうかな。

保育後

年少児の担任

保育者

運動会は年少児と一緒に参加するので、
互いの意識も育っていったらよいね。

自分たちのやりたいことに向かって、場所を考えたり、見通しをもって進めようとしたりする姿を、タイミングよく認めています。その上で、発達を見通しながら必要な経験ができるように子どもとともに環境を作ります。

子どもに任せっぱなしでは、環境を通した教育活動が展開できません。子どもの思いと保育者の意図とを絡めながら、自分たちで生活を作り出す実感をもてるようにしましょう。

NG

日頃から子どもが主体的に動けるような環境が必要

様々な場所や遊具などが、子どもにとってどのような意味をもっているかを考えて、子どもが自分から関わることのできる環境やきっかけをつくっていきます。自分たちで操作したり、気付いたり、感じたりしながら、「もっと楽しくするには……」「困ったね、どうしたらいいかな？」などと、子どもと一緒に考えていけるようにしましょう。

Point

子どもに任せっぱなしにするのではない

子どもの発達や育ちの見通しをもち、子どもに任せる部分と保育者が経験してほしいこととのバランスを考慮します。例えば、学級で話題にして子どもたち同士が考える時間をつくったり、子どもたちが考えて始めたことが生かされるようにしたりするなど、自分たちで生活をつくり出していく実感がもてるように工夫していきましょう。

Q26 安全な環境をつくるには?

子どもがいろいろなことに挑戦したり、自分で考えたあそびを楽しんだりできるようにしたいと思っています。大型の積み木を出したいのですが、けがが心配です。

【 5歳 】

保育者

積み木を使う時は
子どもだけで使うと
危ないので必ず先生に
言ってからにしましょう。

なぜだろう？ 〔保育者のギモン〕

けがのないように危ないと思うものはできるだけ取り除いたり、ルールをつくってけがをしないように防いだりしています。このような指導でよいのでしょうか。

お答えします！ 〔解決の糸口〕

子どもが使いたい道具や場所を使ってあそぶことができるように環境を構成しましょう。その時に次のことを確認しましょう。

① 道具が年齢や発達に合っている。

② 子どもが自分で安全に使うことができるように場所が整えられている。

③ 保育者は子どものこれまでの経験を踏まえて必要に応じて援助をする。

そのもの（ここでは積み木）がもっている危険性についてもしっかりと知らせることが必要です。そのうえで、子どもたち自身で気が付いたり考えたりできるようにすることが大切です。できるだけ具体的に問いかけることで自らの安全を考える力が育ちます。

保育者

もしも、この積み木が足の上に落ちたら痛いよね。落とさないように運ぶにはどうすればいいでしょうか。

子ども

力持ちだから大丈夫。
小さいのは一人でも大丈夫。

はじめから「危険なので二人で持たなければいけない」「先生の許可と指導がなければいけない」とルールが先行すると、子どもたち自身が考えて行動をする力や危険に気が付く力が育ちません。子ども自身で使うことができないものは保育室には置かないほうがよいでしょう。

NG

自ら気付き、考え、行動することができるように

保育者が危険を見つけて取り除くだけでは、危険を防ぐことはできません。安全を守るためのルールをつくって守らせるだけでも危険を防ぐことはできません。子どもたちが自分で考えるきっかけをつくることができるように、保育者が問いかけながら考える機会をつくることが大切です。

Point

意欲が育つ保育者の援助

子どもが様々なことにチャレンジできるには。子どもの成長の様子や特徴をしっかりと見極めていくことが大切です。「この子ならば、このくらいまでは大丈夫」と見極めることで、子ども自身の意欲も育つことになります。保育者が一人ひとりの育ちを捉えていることがとても大切なことです。

27 言葉が豊かになるとは？
そのためにはどのような環境が大切？

子どもの言葉が豊かになるように働きかけたいと考えています。
やはり、保育者が率先して教えた方がよいのでしょうか。

【 5歳ごろ 】

子ども

> 先生、これ読んで。

保育者

> 面白そうね。じゃあ、読みますよ。

なぜだろう？
【 保育者のギモン 】

文字や言葉を教えるために、保育者は何をする必要があるのでしょうか？

お答えします！
【 解決の糸口 】

文字や言葉を教えることにあまりこだわらなくてもよいと思います。日常生活において保育者や友達と言葉をかわす関わりが言葉を豊かにします。また子どもが興味のもてる絵本や紙芝居を読む環境が重要です。

子ども同士が関われる時間をたくさん作り、そこから生まれるあそびをきっかけとして楽しい会話を通してあそびが成立するような環境や雰囲気をつくりましょう。

保育者

子どものあそびが始まりそうだから
少し様子を見よう。

「このあそびはどうかな？これは？」と保育者のほうから無理やり誘うようなことはやめましょう。

NG

児童文化財に触れる機会のある環境を

絵本や紙芝居、パネルシアターやエプロンシアター、人形劇等の児童文化財に触れることも子どもの言葉の育ちや文字への興味にとって大切な環境です。絵本などは子どもたちがすぐに手に取って見られる環境を用意し、保育者は、子どもたちがパネルシアターや紙芝居、エプロンシアター等を楽しむことができるように機会を設けるとよいでしょう。

point

視覚的な手がかりのあるものは言葉の意味を捉えやすい

子どもは、絵本や紙芝居など、視覚的手がかりのあるものは、視覚からの情報と言葉が同時に入るため、その言葉の意味が捉えやすくなるでしょう。また、言葉と絵、文字が結び付くことによって文字への関心も出てきます。無理に文字を書かせたりせずに子どもが興味をもつような環境を考えましょう。

Q 28 あそびの場を残せばあそびは継続する?

子どもたちの「継続してあそぶ力」を育てたいと思っています。前日のあそびの場所を片付けずに残しておくことは、有効な手立てなのでしょうか?

【 5歳ごろ 】

あそびが継続するように、子どもたちがつくった基地を片付けずに翌日まで残しておきました。しかし、翌日、子どもたちは違うあそびに行ってしまい、基地であそぶ姿は見られませんでした。どうしてなのでしょうか。

保育者

あれ、残しておいたのに、
全然基地が使われていない……。

子ども

今日は、鬼ごっこをしよう。

お答えします!

解決の糸口

場を残すことは、あそびが継続するための有効な手立ての一つです。しかし、保育者は継続してほしくても、子どもたちの基地に対しての思いはどうなのか、今の興味や関心はどこにあるかなど状況によって判断していく必要があります。

保育者

明日も続きをする？ 違うことをするのだったら片付けましょう。

子ども

続きをするから、とっておきたい！

子どもたちと相談して場を残しておくかどうか決めましょう。また、もし残しておくならあそびやすいように子どもたちと一緒にあそびの場を整えておきましょう。安全面からの再チェックも必要です。

Check

保育者の思いだけで場所を残しておいても、使われないことがあります。また、残しておいた場所が荒れていたり壊れそうだったりするのを放置してはいけません。

残しておくことが有効な場合

子どもたちが意欲的にそのあそびに取り組んでいる場合は子どもたちと相談して、その場所を残しておいてもいいでしょう。翌日の登園の意欲や見通しにつながり、あそびを継続し、深めていく楽しさを感じることができるようになります。また、自分たちの場を大切にしようという気持ちや強い仲間意識が生まれることもあるでしょう。

point

残しておくことが有効でない場合

子どもたちの興味や関心が移ってしまったら、子どもたちと一緒に片付けましょう。いつまでも場を取っておくと、気持ちの切り替えができません。また、あそびが継続していても、場を作り直すことによってよりあそびが楽しくなったり、考えたり工夫したりする場面が増えることもありますので、残しておくことがいいとは限りません。

29 自分たちで考えて生活ができるように なってほしいけれど、どうしたらいいの?

子どもたちで考えながら生活をつくっていってほしいと思っています。表示を見ながら気付いて動けるようになってきましたが、表示がないと動けないという悩みが出てきました。子どもたちが見通しをもって生活ができるようにしたいです。

【 5歳 】

子ども

先生、次は何をしたらいいの?

保育者

見通しをもって
動くようになるには
どうしたらいいのかな……。

なぜだろう? 〔保育者のギモン〕

1日の予定をイラストと文字を添えて表示していても、状況によって変更することがあります。予定どおりにいかない時や、活動と活動の合間などに子どもが自ら動けません。

お答えします! 〔解決の糸口〕

子どもが予定や表示を見て動くことを積み重ねることは大切です。次の活動や目的のためにやることが分かり、友達同士で確認し合ってつながりを育てていけます。活動の意味を理解し、必要感をもてるようにしたいです。絵表示などで活動ごとにカードと時計とセットで見られるように工夫できるとよいでしょう。

保育者

好きなあそびの片付けが終わったら
全員でドッジボールしない?

保育者

みんなで園庭に出て遊ぶ前に、トイレに行って、
カラー帽子をかぶって準備しよう。

予定を可視化して確認できるように
しておくことは大切です。1日の流れ、
1週間、1か月の予定や行事を実態
に合わせて表示することや、取り組
みの進行表などを状況に応じて作成
し分かるようにしておきたいもので
す。見通しをもって、生活やあそび
を進めていけるようにしましょう。

活動や期限の意味を理解しな
ければ見通しをもって生活でき
る子どもには育ちません。あそ
びの区切りや活動の合間に子ど
もがどのように動いたらよいの
か、保育者のシミュレーション
で子どもの実態が違ってきます。

—— Check

保育者も見通しをもつ

子どもが見通しをもって生活するためには、
まず保育者が見通しをもつことが大切です。
球根とプランターを用意しても土がなければ
植えられません。一つの活動を子どもの動き
を予測しながら丁寧に細かく考えていくこと
で、あらかじめかけておく言葉なども整理で
きます。手順が分かると保育者も子どもも安
心して動けます。

Point

長期的な予測をもつ

〇月になったら発表会がある、〇日までには敬
老の日のお手紙を書こうなど行事や各活動を
行うことを保育者が子どもと共に考えたり、計
画を立てたりすることもできます。発表会でグ
ループごとに取り組むことなどがあれば、帰り
の会で進捗状況を確認するなど、子どもや友達
同士、学級全体で取り組む事柄によって共有で
きるとみんなで生活している意識が育めます。

30 長時間保育の子どもが安心してあそぶことができる環境とは?

【 5歳ごろ 】

預かり保育の利用や両親の就労で長時間保育の子どもが増えてきました。保育時間も長くなると、１日の中でも集団の規模や構成、保育者、場も変わっていきます。子どもが安全に楽しく過ごすためにはどのような工夫が必要ですか。

子ども

> 先生、午前中にあそんだ
> ○○ごっこの続きを
> したいんだけど……。

保育者

> 一緒に○○ごっこをしていた
> ○○さんは帰ってしまったよね。

なぜだろう？　保育者のギモン

長時間保育に係る子どもたちのあそびや友達関係は、教育課程に係る教育時間とのあそびとは内容も友達関係も変化します。あそびの続きがいつできるかは子どもにとっては在園時間が様々なので援助が難しいと感じています。

お答えします！　解決の糸口

多様な在園時間を過ごす子どもがいる園では、生活に合わせた１日の流れを考え、あそび方や環境を変えてみることが大切です。５歳児にもなると友達関係は大事にしたいことの一つとなります。午前中と午後のあそびとの関連は意識しながらも、切り離して考え、異学年の交流などを考えてもよいのではないかと思います。

子ども

> 一緒にあそんでいた子が
> だんだん減ってくるから寂しいな。
> ちょっと眠くもなってきた。

在園人数や1日の構成を考え、夕方の時間から、一人で繰り返したり自分なりに取り組めたりするあそびや机上でできるあそびができるように考えてみましょう。遊具やおもちゃの特性を知り、時間や人数を調整できるものなどを用意し、落ち着いて過ごせるようにします。

保育者

> お迎えまでカードゲーム
> で対戦してあそぼうか。

片付けに困るようなものの量や出し方、子どもの心身の様子を見ずにあそびを進めていこうとすることは、友達同士のトラブルになることや子どもが発散的な動きをして怪我などにもつながりやすいので気を付けましょう。

NG

保育者もゆったりと関わって

在園時間が長いだけでなく、週の後半や大きな行事がある日は子どもも疲れが出てきます。保育者はそのことを踏まえて、細かく指示を出したり注意をしたりするあそびにならないように、ゆったりと大らかにその子の思いを受けとめて保育をしていくことが大切です。

Point

異年齢の交流も入れながら

同じクラスの友達と一緒に過ごすことで関係が深まり、力関係が固定されることは心配です。異年齢でのあそびは違う関係性の中で5歳児が4歳児に親切に接したり、逆に5歳児に憧れたりすることもあります。異学年であそべるようなもの、あそび方、場所など時間に合わせて変えられることが理想です。まずは一緒に簡単にできそうなことから始めてみましょう。

「環境に関わらせよう」とした私の失敗

　担任6年目ごろのことです。研究会での公開保育のテーマが確か「子どもが環境に関わって遊びを充実させる」であったと記憶しています。環境の構成の大切さは分かるようになってきてはいたのですが、私のクラスは戦いごっこが好きな男児が多く、どうやって環境の構成をして保育を展開すればよいのか見当がつかず困りました。悩んだ末に10年以上の経験の先輩に相談をしました。その先輩は、「そういう時は子どもがそこに行っていろいろ動ける場所を作ったり、お面も作ったりするとただ戦うだけではなく楽しい動きになると思うよ。他の子も参加することができるわよ」と教えてくださいました。未熟だった私は、「そうだ！」と先輩に言われたとおりに環境の構成をして指導案にも環境を書き込み公開保育に臨みました。

　公開保育では、いつもと違う環境に飛びついてあそび始めた子どもたちでした。しかし、「子どもが環境に関わってあそびを充実させる姿」と求めて私が作った環境からは、10分もすると飽きていなくなり、残ったのは平均台の一本橋とケンパ用のフラフープと巧技台。昨日の続きの、ままごとやボールあそび、砂場、製作、戦いごっこに戻っていました。その後の協議会では、「保育者の意図はどこにあったのか」「子どもの気持ちはどのように変化したのか」等の質問が出ました。その時はじめて、自分自身が「環境に関わらせよう」としていたことに気が付きました。あそぶという形にだけを意識して、昨日のまでの一人ひとりの経験や楽しんでいることに目が向いていなかった自分に気が付いたのです。

　環境は、保育者が一方的に用意をしてあそばせるものではないこと、一人ひとりの子どもの興味・関心を捉えることから始まり、子どもと共にあそびがより楽しくなるように関わる保育者の存在がまずは重要であること、このことが胸に刻まれ、その後は自分の目でしっかりと見て捉えたうえで環境の構成をしようと取り組んできました。しかし、本当に子どもの思いが分かり環境を作りだすことができたということは30年間で1度もなかったように思います。いつも「あそこは思いがずれてた」「やっぱりこうしたほうがよかった」、この思いの繰り返しでした。

第 2 章

「豊かな環境をつくる」 アイデア ⑳

いろいろな手触りを体験しよう

| 想定年齢 | 0・1歳ごろ〜 | 実施人数 | 1人〜 | 所要時間 | 約5分 |

「ふわふわ」、「ざらざら」、「すべすべ」、「ごつごつ」、「プチプチ」、「つるつる」。子どもたちの周りには手触りの違うものがいっぱいあります。触ると、「がさがさ」、「しゃかしゃか」などの音の出るものもあります。布、紙、ビニール、プラスチックに子どもたちが触れてみて、違いを楽しんでみましょう。

準備するもの ❶紙 ❷布 ❸ビニール ❹梱包材 ❺段ボール など

あそびかた

1

準備したものをポリエチレンのジョイントマットなどに貼り、周囲をテープ等でとめておきます。おすわりやはいはいの時期には手のひら全体で触れることのできる大きさで作ってみましょう。

2

子どもたちの成長に合わせ、つかまり立ちやつたい歩きの時期には、壁に貼って、立った時に触れる高さにするのもいいでしょう。手触りの違いや音の違いを楽しんでみましょう。

● 手で触るだけでなく、足で踏むのも楽しい
ものです。普段の地面や床と違う触感や足
の裏で感じる触感など、手とは違う感じが
すると思います。踏んで痛くなく、大き目
のもので作ってみましょう。青竹踏みや飛
び石のイメージで。

● 紐を三つ編みにし、太く持ちやすくしたも
のなどを垂らして、引っ張ったりできるよ
うにしても楽しいです。また、叩いたら音
のでるようにしたり、触るとシャカシャカ
音がしたりするようにすると、触った感触
とは違う、体の動きや音などの体験ができ
るようになります。

1〜2歳児には、厚紙を台紙にB6くらいのサイズで
作ってみましょう。絵本のようにめくる楽しさも取り入
れて。Oリングなどでまとめてもよいですが、めくりや
すいよう枚数を少なめにしておきましょう。

準備したものの周囲をイラストなどで囲んでみましょう。
準備したものとイラストのイメージを関連付けると、子
どもたちもイメージしやすくなります。硬くざらざらなも
のはワニ。ふわふわしたものはひつじ、など。

ボールあそび

| 想定年齢 | 2・3歳ごろ〜 | 実施人数 | 1人〜 | 所要時間 | 約15分 |

市販のものだけでもいろいろな素材や、大きさ、硬さ、重さが多種多様にあります。また、すぐに作れる新聞紙ボール、風船もボールの仲間に入れてあそべます。子どもの成長に合わせて、いろいろな変化に富んだボールあそびを楽しみましょう。

準備するもの ➡ ❶様々な素材のボール各種 ❷ペットボトルや段ボールなどの的になるもの

あそびかた

子どもに向かってコロコロコロ。ボールを抱えるように、ナイスキャッチ。次は子どもからコロコロコロ。互いにボールを転がして、捕って、ボールあそびを楽しみましょう。

紙風船やゴム風船、ソフトビニールボールなど、軽くて柔らかいボールを投げたり、キャッチしてみたり。投げる、捕る、叩くなど、様々な動きが楽しめます。ボールの種類を変えてみれば、難易度やあそび方などいろいろな変化のあるボールあそびになります。

● ソフトビニールボールなど市販のボールに自分でコブなどを付けてみましょう。紙の塊やガムテープなどで簡単にコブを付けることで、重心の位置が変わり、普段とは違う転がり方や跳ね方をします。いつものボールが違うボールに大変身。片付けの時は、テープをとればすぐに元通り。またいつものボールに戻ります。

● 市販の変形ボールや①の自作した変形ボールでピン倒しをやってみましょう。いつもの丸いボールなら、上手く転がせたり投げられたりできる子も、どこに行くか分からないボールだといつもと違う結果に。難しさが格段にアップしますが、できた時の喜びも倍増します。

ボールのゲームも楽しみましょう。まずは、ピン倒し。転がす、的を倒す、命中させる。いろいろなやり方があります。ペットボトルに水を入れておもり代わりに。水の量で難しさが変化します。的が倒れた時の爽快感、全部倒した達成感。みんなで褒めてあげましょう。

次のゲームは的当て。大きな穴にボールを投げ入れてみましょう。動物の口の的に何個ボールが入るかな。たくさん入れて、動物をお腹いっぱいにしてみましょう。

コミュニケーション力を育む

| 想定年齢 | **3歳** | 実施人数 | **クラス全員** | 所要時間 | **10分** |

パネルシアターは、子どもにとって背景が変化したり登場人物を動かせたり、様々なしかけがあり、とても興味深いものになります。また、簡単に貼ったりはがしたりができ、子どもでも操作が可能です。この子どもの興味を生かしてコミュニケーション力を育んでいきましょう。

準備するもの ➡ ❶ **パネルシアターボード** ❷ **パンダ、うさぎ、コアラの絵人形**

あそびかた

保育者がパネルシアターの絵人形を見せます。それが何かを子どもに聞いてみます。子どもたちも一緒にできる参加型がよいでしょう。

子どもたちからの答えが一通り出たところで、本日行うパネルシアターの題名を伝えます。

- 保育者がパネルシアターを一通り行って子どもも把握できたら、パンダ、ウサギ、コアラをそれぞれ、ボードに貼る役を募り、子どもがパネルボードに貼りましょう。子どもたちとコミュニケーションを取りながら楽しく行います。

- 次は、パンダの時には、声を出さずに行う、その次はウサギ、コアラと声を出さずに行うゲームを行います。友達同士や保育者とコミュニケーションを取り、ゲームの内容も理解しながら、楽しく言葉を育んでいきます。

「パンダ、うさぎ、コアラ」のパネルシアターを行います。最初に出てくる動物を掲げ、それぞれ掲げた動物の表現を行ってもらいます。

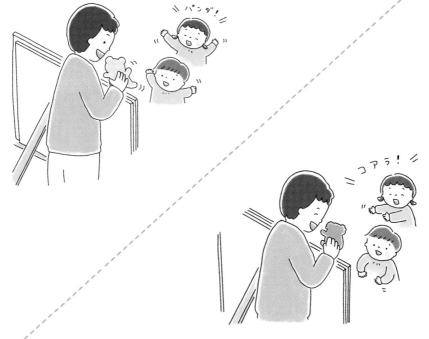

「パンダ、ウサギ、コアラ」の手あそびをパネルシアターを通して行いながら楽しみます。

4

園庭の探検ごっこ

| 想定年齢 | 3歳ごろ〜 | 実施人数 | 1人〜 | 所要時間 | 約40分〜 |

園庭の探検に出かけましょう。木の生えているところは森やジャングルに見立ててもいいですし、遊具を基地にしてもいいですね。子どもたちと一緒にイメージしながらファンタジーの世界を楽しみましょう。

準備するもの **特になし**

あそびかた

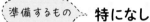

「先生、今日はお外を探検しようと思うのだけど、一緒に行くお友達はいるかな?」と誘ってみます。
一緒に行くという子どもたちと一緒に園庭の端からいろいろな発見をしながら歩いてみましょう。

発見の際に、「木がたくさん生えていておばけが住んでいるみたいだね」「ここは虫がたくさんいて、虫のこども園みたいだね」など、イメージを膨らませて子どもたちと話してみましょう。

- 探検グッズを作るとより探検隊になりきってあそぶことができます。双眼鏡・バッグ・地図・お弁当など、子どもたちから出た「こんなのあるといいんじゃない?」というアイデアが無理なく楽しく作れるようにコーナーを用意しておくのもいいでしょう。

- 3歳児など、まだ共通のイメージをもつことが難しい子どもたちもいます。皆で同じイメージをもつ必要はありません。それぞれの子どもたちのイメージを大切に、保育者はそれぞれの子どもたちに共感しながら、各自の世界を楽しめるようにしましょう。

3 保育者だけでなく、子どもたちからも豊かなイメージの言葉が出てくるようになります。それを受けとめたり、他の子どもに伝えたりして、ファンタジーの世界を楽しみましょう。

時には、保育者が雰囲気が出るように小道具を置いておくのもいいかもしれません(木に白い布をぶら下げておく、花壇にマスコットを置いておくなど)。それがきっかけとなってイメージが膨らむこともあります。

5

偶然を引き込む

| 想定年齢 | 3歳～ | 実施人数 | 何人でも |

子どもと一緒に過ごしていると偶然に面白いことが起きたり、偶然にうまくいったりと、たくさんの「偶然に」出会いますよね。その偶然を保育に取り入れると、何か面白いことが起きる予感がしますよね。そんな偶然での保育事例をご紹介します。

準備するもの ❶**先生の勇気** ❷**楽しむ気持ち**

あそびかた

その年に起きた時事を保育に取り込むと興味をもちやすいです。例えば「新しい惑星が見つかった」年に宇宙への興味によって誘導をしてみると、そこから様々なあそびが展開していきます。

子どもがその惑星の話をしていたら、興味のもち始めのサインです。104ページの環境構成のように子どもたちの興味を引き込んでいきましょう。

● 子どもが興味をもった事象に精通している保護者や関係者が偶然にいることもあります。その方たちに保育に参加していただいて、子どもたちに教えてもらったり、案内してもらったりすることも面白いですね。

● 活動に興味がない子は無理に参加する必要はありません。しかし、協同的学びの観点から、"みんなと"という想いがあるのであれば、その子の興味あることと「宇宙」をつなげてもいいですね。例えばその子が「神社」に興味があるのであれば、宇宙の中にある宇宙神社をつくるような感覚です。

惑星の話をしているとロケットに興味をもち始める子もいます。今度はロケットを、廃材を使って作り出す子が出てきます。すると、できあがったロケットで"ごっこあそび"が始まります。

次の日にロケットを使った「劇のシナリオ」を書いてくるお友達がいて、劇あそびがスタート。予想もつかない展開が偶然なのか必然なのか始まるのが保育の面白いところですね。

6 春の花にふれる～季節を生かした環境①～

| 想定年齢 | 3歳ごろ～ | 実施人数 | 1人～ | 所要時間 | 約20分 |

入園や進級をして環境が大きく変わった子どもたちです。一人ひとり安心して過ごすことができるとともに、大きくなったことをうれしく思うことができるように、自分で作ったチョウチョのステッキを持って春の花と関わってあそびます。

準備するもの ❶園庭やテラスに春の花のプランター ❷画用紙 ❸クレパス ❹筒状に丸めた紙 ❺セロテープ

あそびかた

はじめに、室内で一人ひとりが「ちょうちょ」の台紙に色を塗ります。自分のクレパスを使うことができるようになった3歳児です。喜びを共感しながら、クレパスの使い方や片付け方も丁寧に知らせていきましょう。

チョウチョのステッキを持ってテラスや園庭のプランターや花壇の近くに行きます。チョウチョのステッキを使ってチョウチョに蜜を飲ませる真似をしたり、いろいろな花を見つけて止まらせたりしてあそびます。

こんなアイデアも…

- 季節ごとに、てんとう虫、カタツムリ、セミ、トンボ等、ステッキに付ける昆虫の種類を変えると子どもたちの発見も変わってきます。また、4歳児では、ステッキとチョウチョの間にリボンをつけて、ひらひらと舞うことができるようにするとその動きを友達と一緒に楽しみながらあそぶ様子が見られます。

困っている子どもには…

- チョウチョのステッキの製作を嫌がる子には、色を塗るのではなくクレパスを使ってみることを目的にすることで製作に抵抗がなくなります。「どんな色が好き♪」と歌いながらクレパス選んでも楽しいです。作ることより自然と触れてあそぶことを楽しむことができるようにしましょう。

 チョウチョのステッキを持ってあそぶ中で、色を探したり花を目標にかけっこをしたりしてあそぶことで花や色への興味が広がり保育者との関わりも楽しむことができます。

 いろいろな色のチューリップ、いい香りがするなでしこやストック、チョウの食草でもあるパンジーなどポットでも購入できる春の花があります。秋から育てることができなかった時にも用意することができます。

7 水あそび～季節を生かした環境②～

| 想定年齢 | 4・5歳 | 実施人数 | 1人～ | 所要時間 | 約30分以上 |

いろいろな道具を組み合わせて水を流すあそびの中で、水の性質に気が付いたり不思議に思ったりしながらあそぶことを繰り返し楽しみます。

準備するもの ➡ ❶樋　❷ペットボトル　❸バケツ　❹ついたて　❺台　など

あそびかた

ペットボトルを接続できるように切り抜いたものや牛乳パックなどをついたてに付けて、水を流すことができるような道具や場所を用意します。組み合わせ方を試し、様々な方法に気が付くようになります。

樋やバケツを用意しておくことで、水を流すことを繰り返し楽しんだり、樋の組み合わせに気が付いたりして楽しめます。水に触れる心地よさを感じる中で、体感を通して水の様々な性質に気が付く機会になります。

- 気温が高い日には氷に触れることができるコーナーを作って冷たさや溶ける様子を観察するとワクワク楽しい時間になります。氷は、牛乳パックに水を入れて冷凍庫に立てて入れると大きな角柱の氷ができます。牛乳パックを取り除くと溶かす冷やす等、様々に使うことができます。

- 水が苦手な子どもでも、いろいろな水あそびのコーナーがあると抵抗なく参加することができます。また、あそぶ時に水着になっていると、自然に体や顔に水がかかることが嫌ではなくなり、少しずつ慣れてきます。水あそびをきっかけに水への苦手意識が少なくなるようにきっかけをつくっていきましょう。

3 水あそびの環境構成のポイント

- 楽しく開放的な雰囲気の中で、思い切り水に触れてあそぶことができる
- 年齢によって様々な探求や関わりができるような道具を用意する
- 用途がひとつだけではなく組み合わせを楽しむことができる材料を用意する
- 水の位置、あそび場の位置など動線や安全面にも十分に配慮する

8

秋の木の実などを使った環境づくり〜季節を生かした環境③〜

| 想定年齢 | 2歳ごろ〜 | 実施人数 | 1人〜 | 所要時間 | お散歩＋約30分 |

秋の自然を感じながら散歩に行って、バッグの中に木の実を入れて楽しみます。その後、拾った木の実でマラカスづくり。友達と一緒に音を鳴らすことを楽しみます。自分で……の世界の2歳児の心を満たすとともに友達と一緒のうれしさや秋を感じることのできる活動です。

準備するもの ➡ ❶牛乳パックの小物入れバッグ ❷ドングリなどの木の実または小石

あそびかた

1　公園に散歩に出かる前日に、牛乳パックのマイバッグをつくります。

2　前日につくったマイバッグに取っ手を付けてまとめておきます。公園に出かけて木の実や落ち葉を集めます。

- もっと作りたい子もいるでしょう。容器や名前を人数の倍は用意しておいて満足できるまでつくることができるようにしましょう。

- マラカスをつくりたくない子がいた時には、保育者がつくっておいてもよいでしょう。楽器を鳴らす時に友達が使っているものを見て自分も使いたくなるかもしれません。見たり聞いたりするのが楽しいのかもしれません。その子なりに楽しんで参加できるようにしていくのがよいでしょう。

公園に行った翌日、拾った木の実を使ってマラカスをつくります。

秋の歌や音楽に合わせて楽器を鳴らしたり踊ったりしてあそびます。

9 氷や霜柱〜季節を生かした環境④〜

| 想定年齢 | 5歳ごろ〜 | 実施人数 | 1人〜 |

冬の季節、霜柱や氷ができる日があります。その日の子どもたちの気付きから、冬の季節の特徴や自然現象の不思議さに興味や関心をもつことができるようにして、学級全体で不思議さや発見の喜びを共有していきます。

準備するもの ❶**気温計** ❷**水を入れることができる様々な容器**

あそびかた

1
冷え込みの厳しい朝、子どもが霜柱を見つけて集めてきました。このことをきっかけに、霜柱がいつ、どのようにできるのかという不思議さに気が付くように関わっていきます。

2
集まりの時等に学級全体の子どもたちに、霜柱を見つけたことや気が付いた時には溶けていたことを伝えます。また、冬の自然についての本や図鑑を用意しておき、調べることができるようにしておきます。

- 保育者自身が気温の変化や冬の自然現象に興味や関心をもつことが大切です。
- 子ども自身が興味に応じて自分で図鑑や絵本を見ることができるようにしておきましょう。

- 氷は容器の厚さ、水の量によってもでき方が違ってきます。いろいろな容器を用意しておくことで不思議さを感じることができます。ゴム手袋、シリコンの容器……、子どもと一緒にいろいろ考えることもお勧めします。また、場所や風によってもでき方が違います。

氷点下が予測される前日、保育者は意図的にいろいろな容器に水を入れて氷が張るような環境を作ります。すると、子どもたちが園庭のあちこちに氷が張っていることに気が付き、氷探しが始まります。

霜柱ができる・溶ける、氷ができる・溶ける等の現象は一回ではなく継続して観たり関わったりすることでその不思議さに気が付いていきます。何度もくりかえす中で子ども自身が気付くことを大切にします。うまくいくことだけではなく、うまくいかないことに出会う機会も大切にしましょう。

10 転がしドッジボール

| 想定年齢 | 4歳ごろ〜 | 実施人数 | 10人〜 | 所要時間 | 約15分 |

学級の友達みんなで楽しむことができるボールあそびを通して、ボールを使ったあそびへの興味・関心を広げていくことができます。ボールを投げることがまだうまくいかない子どもも楽しんで参加することができます。

準備するもの → **ボール**

あそびかた

1 はじめに大まかなルールを保育者がボールを使って
知らせます。

2 ボールからうまく逃げられた時やボールを友達にあて
られた時は、その子どもを認める声をかけるようにします。

- 低年齢の子どもには、保育者がボールを転がすようにします。
- 子どもが慣れてきたら、ボールの数を2個にしてみましょう。また、子どもからルールの提案があった時は取り入れていくようにしましょう。

- 保育者が声をかけたり、一緒に喜んだりして楽しい雰囲気をつくっていきます（保育者が楽しい雰囲気の環境をつくり出していくとあそびが楽しくなります）。

転がし方のコツを知らせたり、一緒に転がしたりします。

全員がボールに当たったら集まり、楽しかったことや感動したことなどを発表します。

11

お店ごっこ〜お金を使ってみよう〜

| 想定年齢 | **4歳ごろ〜** | 実施人数 | **2人〜** | 所要時間 | **特になし** |

5歳児から招待され、自分たちもやりたくなって、クラスのあちらこちらでお店ができるのが4歳児。お店ごとに十分に楽しむことが大切ですが、子ども同士がもっとつながったらいいなと思います。そんな時、お金を取り入れてみたらいかがでしょうか。

準備するもの ❶**紙** ❷**フェルトペン** ❸**ハサミ** ❹**折り紙またはドングリ** ❺**葉などの自然物**

あそびかた

ケーキ屋さん、くじ引きやさんなど、様々なお店屋ごっこが出てくる時期です。何かを見立てて売っていた3歳児の時より少し工夫も見られるようになり、自分たちで作ったものを売ったりするようになります。

お店ごっこは、いつもはあまり関わりがない子とも、やり取りが生まれ、関わりが広がるきっかけになったりします。保育者も、お客さんになったり、お店の宣伝をしたりしながらいろいろな子が参加できるようにしましょう。

● 外でのお店ごっこなら、木の葉やドングリ
などをお金の代わりにしてもいいかと思い
ます。また、お金をすぐに作れるように、
簡単な製作コーナーを外に設置するのもよ
いでしょう。

● 「お金を作ってるの」という子どもの手元
を見るとなんと 1,000,000,000,000,000
円。これっていったいいくら？　と思うよ
うなお札を作る子も少なくありません。お
店の商品の値段も驚くほど高かったり、安
かったり。この時期のお金の使われ方は人
と関わるツールとしての役割で十分です。

まだ代金は払ったふりでもあそびは成立しますが、保
育者が参加する時に、お金を使ってみましょう。折り
紙などでお財布をつくり、その中から紙で作ったコイ
ンやお札を出してお買い物をします。

子どもたちもお財布をつくったり、お金をつくったりする
ことで、様々なお店に興味や関心をもち、いろいろなお
店が大繁盛！　いろいろな子と関わるきっかけになったり、
他の子のあそびにも興味がもてるようになったりします。

12

環境との出会いを大切にする～子どものイメージを物で表現していく～

| 想定年齢 | 4歳 | 実施人数 | 数人～ |

子どもが自らやってみたい、楽しそう、作り、触りたいなど、心を揺らし主体的に環境に関わっていこうとする姿を引き出すための環境はとても大切です。好きなあそびの中で、子ども同士がイメージを互いに膨らませ、共有されていく時に物や場などがあればもっとあそびが楽しくなっていきます。

準備するもの

❶ はしご　❷ 巧技台　❸ マット　❹ 画用紙　❺ クレヨン
❻ 空き箱　❼ テープ　❽ 旗立て台とポール　❾ ひも　など

あそびかた

巧技台を置いてはしごをかけ、それを端から渡るようにしてあそんでいます。Aちゃんが湖の上の橋を渡っていることにしようと言い、それならと保育者がはしごの下に青いマットを敷き、湖に見立てました。

湖にはワニがいることにしようと言う子がおり、それを聞いたBちゃんが空き箱や画用紙を使ってワニをつくってきました。ワニは夜は寝ていて昼間は起きているということになり、昼と夜が分かるような立て看板をつくりたいということになりました。

● 「これが必要！」と思った時にイメージを
形にして表せるように素材や用具を普段か
ら準備しておき、いつでも使えるようにし
ておくことが大切です。置き場や物の量、
種類なども発達や実態に合わせて分類して
置いておくとよいでしょう。

● 新しい素材や用具を用意する時には、扱い方
や使い方に応じて適したものがあることを知ら
せることも大切です。また京花紙は糊や水に
弱い、ペンはキャップをしないと乾いてしまう、
画用紙は使う用途と大きさが合っているかなど、
無駄やもったいない使い方はよしとすることは
避けたいでしょう。

ワニが動いているようにしたいと、ひもを付け、はし
ごを挟んで引っ張り、ワニが動いているようにしようと
子どもたちなりに考えています。

巧技台のはしごを順に渡るあそびがイメージのあそび
となりました。物があることでよりイメージが共有され、
「もっとこうしたい！」という気持ちを誘発させます。思
い付いたことが目に見えることでその場にいる子どもた
ちもやっていることが分かり、あそびが楽しくなりました。

13

知る、深める、情報環境

想定年齢 **4歳〜**　実施人数 **クラス全員**

子どもたちがあそびに夢中になった時、またはあそびのきっかけになるためにも情報があることはとても重要な要素のひとつです。そこで子どもたちの「知りたい」という気持ちや「もっと」という気持ちが高まるような環境を用意していきましょう。

準備するもの　❶**絵本**　❷**図鑑**　❸**パソコン**　**など**

あそびかた

子どもたちがすぐに手に取れる「図鑑（絵本）コーナー」のような場所を用意しておくとよいと思います。子どもたちの興味が幅広く広がるように、たくさんの種類の図鑑があるとよいですね。

子どもが興味をもったあそびがあったら、その興味に沿った専用のブースを作ってみても面白いかもしれませんね。いつの間にかクラスのみんなが興味をもってクラス活動になっていくこともありますよ。

- 5歳児になると文字に興味をもちだす子もいるので、パソコン等の「かな入力」を使って調べる機会があっても面白いですね。近年、小学校でもパソコンやタブレットを使っての授業展開も増えてきているので、「ICTの活用」（112ページ）という機会も必要になっていくかもしれませんね。

- 時折、何にも興味をもてず、友達の調べているところやつくっているものを見ているだけの子どもがいます。無理に何かに興味をもたせようとはせず、その子は「見ること」で情報を収集しようとしている時間だと見守っていくことも大切な時間です。

ブロックあそびが好きな子どもたちの作品を写真に撮って貼っておくと、それを真似てつくる子どもたちがいます。すると、今まで興味をもたなかった子どもたちも様々なブロックあそびを展開することがあります。

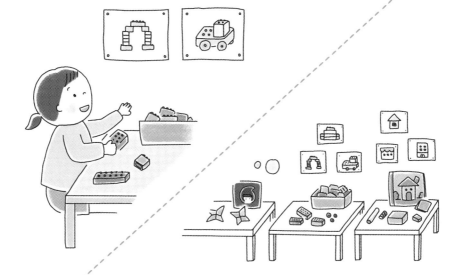

図鑑（絵本）や写真の情報環境でなく、子どもたちのあそびに合わせた教材を用意していくことで、子どもたちの興味がより広がりを見せます。子どもたちが夢中になってあそぶ姿が見られるようになります。

14 小動物（ウサギ）を育てる

想定年齢 **4歳ごろ〜** 実施人数 **クラス全員**

「触れたり世話をしたりする体験」など、小動物と触れ合う機会を作るとともに、保育者が世話をする姿に接することを通して、身近な小動物に親しみをもつ中で、生命の尊さに気付き、いたわったり大切にしたりする気持ちが育っていきます。

準備するもの ▶ **ウサギが飼育できる環境（サークル、餌、掃除道具など）**

あそびかた

保育室にウサギのいるサークルを置き、子どもたちが自然に興味をもって見たり、ウサギに話しかけたりする様子を見守っていきましょう。

牧草や園庭に生えているシロツメクサやオオバコなどを子どもたちと一緒にあげたり、食べている様子を見たりしながらウサギと触れ合っていきます。

- 低年齢の子どもにとっては「見るだけで安心する存在となる」、年長児にとっては自分たちでお世話をするなど「役割をもって活動する対象となる」など、小動物は保育の中で様々な教育的な価値をもつ存在となります。小動物に親しみをもって接し、生命の尊さに気付けるよう、環境に取り入れていきましょう。

- 小動物に苦手意識をもつ子どもやアレルギーのある子どももいます。そのような子どもには無理に近付くことは求めずに、離れたところから見たり友達が関わっている様子を見たりなど、個々の小動物との触れ合い方を受け止めていきましょう。

3 保育者が餌をあげたりウサギの家を掃除したりする姿に接することを通して、身近な小動物に親しみをもったり触れ合う喜びを感じるとともに、生命を大切にしようとする心を育てていきましょう。

ウサギがクラスの中で一緒に過ごす存在になってくると、世話をすることに興味をもつ子どもも出てきます。やりたい子どもが出てきた時には、やり方を伝えながら保育者と一緒に世話をする機会をつくりましょう。

15 構成あそび

園庭でも室内でもできるあそびです。巧技台や平均台やはしご等の用具を使い、子どもたちと一緒に構成し、サーキットあそびができます。さらに、身体を動かすことで身体能力の向上につながります。

準備するもの ➡ ❶巧技台　❷はしご　❸平均台　❹フラフープ

あそびかた

あらかじめ用具を用意し、子どもたちと一緒にサーキットができるように場所を構成します。実際に試してみようとする取り組みを大切にしましょう。

用意ができたら、実際に身体を動かしてみます。

- 低年齢の子どもには、保育者が場を構成し、あそぶことができます。
- ボールを吊り下げ、ジャンプをする場所を設けたり、ビールケースや長板などを使ったりすることでもあそびが広がります。

- 運動が苦手で困っている子どもは、保育者が言葉かけし、苦手なことも挑戦してみようとする意欲を育てます。また、保育者と一緒にサーキットあそびをやってみてもよいでしょう。

しばらくあそんだら、どのような構成に変えたらよいかを子どもたちで話し合い、保育者と再構成します。

再構成を何度かし、工夫したアイデアを取り上げます。そして、みんなの前で工夫したところを発表する時間を設けます。

16 探求を深めるあそび〜動く車を作りたい！〜

| 想定年齢 | 5歳ごろ〜 | 実施人数 | 数人〜 | 所要時間 | 30分〜1時間 |

昨年度の年長児のあそびに憧れ、自分からつくってみたいと言ってきた動く車づくり。でも車が動くようにするための仕組みがよく分かりません。やりたい気持ちを支えながら、自分で考えて材料を選び、試行錯誤しながら納得するものを作れるように、あそびの援助を考えてみましょう。

準備するもの

❶お菓子などの空き箱　❷ストロー
❸竹串　❹タイヤ（もしくはタイヤの代わりになるもの）

あそびかた

車体に適していると思う箱、タイヤとストロー、竹串を材料（素材）置き場から選びます。タイヤをどのように付けるかは任せます。竹串やストローを直接、空き箱に粘着テープで貼ることもあるかもしれません。

空き箱に直接、竹串やストローを貼り付けてもタイヤが回転しないことに気付いてきます。ストローの中に竹串を通し、竹串にタイヤを付けることで仕組みが分かってきます。

● 自動で走らないので、ある程度傾斜をつけて走りを試せる場所作りも必要です。板積み木や牛乳パックを切り開きつなげるなどしてコース作りをすると友達とも一緒に楽しめます。傾斜の角度、コースの長さ、コースを作る材料など子どもが考える内容がたくさんあります。

● 前方もしくは中心部などに空き箱を重ねる位置や重ねる物（箱や容器、素材など）で重心も変わり、走り方も違ってきます。ライトに見立てて物や色テープをつけたり紙を貼ったりしていくとこだわりの一台になっていきます。また片付けも「駐車場」の場を作るなど工夫すると翌日が楽しみにもなります。

ストローの長さ、竹串の長さ、ストローから出る竹串がどの程度の長さがあると空き箱とタイヤの位置がちょうどよくなるか調整が必要です。また空き箱に竹串を通したストローを貼る位置も重要になってきます。

空き箱に竹串を通したストローが平行につくこと、前輪と後輪のタイヤがぶつからないように間隔を空けることを考えないと、偏った走り方になりそうです。やってみて気付いて修正するポイントがたくさんあるあそびです。

ICTの活用

想定年齢 5歳　実施人数 1人〜

近年、あそびの中で楽しむための道具としてのICTの活用が求められています。しかし私たち保育者は、ICTとかけ離れているところで保育をしてきたことは皆様が知っているところですね。子どもたちのこれからの世界はICTが活用される世界だと考えると必要な環境です。

準備するもの ❶パソコン　❷タブレット型端末　❸模造紙　など

あそびかた

前記の通り、まずは私たち保育者がICTの活用方法を知っていく必要があります。そのため、同僚の保育者同士で考えることも大切です。一緒に書き出してみることで、その園に合った様々な活用方法が生まれてくると思います。

＊作成例（書き方はなんでもOK）

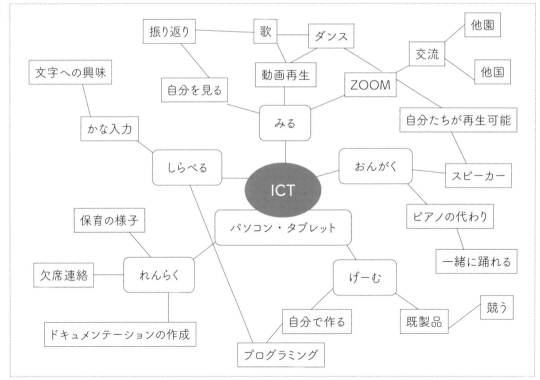

こんなアイデアも…

- 近年、Zoom などのシステムを使い、遠く離れたたくさんの人とも顔を合わせて、話をすることができます。それを活用し、他県の幼稚園や、海外の幼稚園とも交流をし、様々な文化や人と触れ合う機会をもつこともできるかもしれません。

こどもにICTはちょっと…

- どうしても ICT に抵抗があるという方がいらっしゃるのも事実です。ブロックや滑り台・お絵描きと同じように〝タブレットやパソコン（ICT）〞も子どものあそびの環境の一つと考えていいのかもしれません。

2 一度、保育者と一緒に調べる経験をすると子どもたちはすぐに覚えてしまいます。「不思議だな」「これなんだろう」と疑問をもった時に気軽に探せるツールの一つとして活用したいですね。

プログラミングソフトを使って、簡単にプログラムができるようになると、自分たちが好きなアニメやゲームがどうやって動いているのかを知る機会になり興味が広がりますね。

3

18 行事の内容を子どもと一緒に考えよう！

| 想定年齢 | 5歳ごろ〜 | 実施人数 | クラス全員 |

遠足、運動会、発表会……。様々な行事は子どもたちの園生活に彩りを与えてくれます。保育者側がすべてを決めてしまうのではなく、子どもたちと一緒に企画してみましょう。「みんなで考えた遠足」「みんなで考えた運動会」は自主性を育て、深い学びにつながります。

準備するもの ➡ ❶ **ホワイトボード** ❷ **子どもたち一人ひとりの名前が書いてあるマジックシート**

あそびかた

その行事ありきで進めず、まずは子どもたちに「毎年、9月に運動会やっていたけど、みんなは今年やりたい？」というように、やるかどうかから相談してみましょう。その行事の意味を考える機会にもなります。

「やる！」となったら、内容も一緒に考えましょう。遠足だったら行き先、運動会だったら競技種目。初めは突拍子もない意見が出てくるかもしれませんが、それは可能かどうかを現実につき合わせながらみんなで考えましょう。

- 子どもからの意見を一つに絞らなくてはいけない時、すぐに多数決で決めるのではなく、理由を話し合いの中で理解し合えるようにします。そのためには一度ホワイトボードに書き留め、時間をおいて多数決をしたり、名前マグネットを支持する意見に貼ったりできるようにしてみましょう。

- 子どもたちからいろいろなアイディアが出てきた時に、保育者側で意見の重み付けをしてしまわないようにしましょう。どんな意見もとにかく一度受けとめ、みんな同じようにホワイトボードに書き留める。これが子どもの話し合いの意欲につながり、自信になります。

相談して決めていくのは時間がかかります。その相談の経過を保護者や他の保育者と共有していきましょう。

行事が終わった後、振り返りを行います。もしあれば、その時の写真などを見ながら話してもいいですね。自分たちで決めたことはどうだったのか、決めた内容はどうだったのか、振り返ることが次への糧になります。

19 SDGsと環境

想定年齢 **5歳ごろ〜**　　実施人数 **クラス全員**

園生活でも身近に感じられる「もえるゴミ」「もえないゴミ」など、ゴミの問題から環境に対する意識を高めていきます。保育者が、紙芝居をつくって環境問題について分かりやすく話したり、自分たちの生活の中でできることを子どもと一緒に考えたりしていきます。

準備するもの ❶**紙芝居**　❷**ごみの分け方を写真やイラストで示した掲示物**

あそびかた

保育者が、ウミガメがレジ袋などを食べてしまった写真を使って紙芝居をつくり、その時の気持ちを子どもに尋ねたり、一緒に考えたりしながら、なぜそのようなことが起きてしまうのかを分かりやすく伝えます。

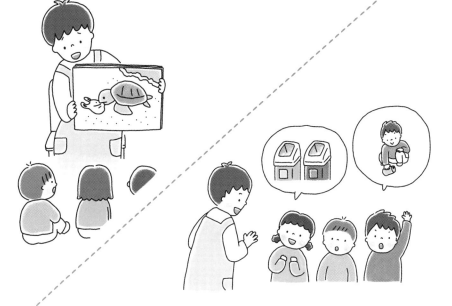

紙芝居のようなことが起こらないように、生活やあそびの中で、自分たちができることはないかを子どもたちと一緒に考えていきましょう。

● 清掃局に協力してもらい、ごみ処理の様子や手順について教えてもらったり、スケルトンのゴミ収集車で中を見せてもらったりすることも、ゴミを捨てることを通して、子どもたちが環境意識を高めていくことにつながる機会となるでしょう。

● ゴミの分別が難しい子どもがいるなど、環境への意識には個人差が見られます。生活やあそびの中で「まだ使えるから元に戻しておくね」「これはもえるゴミだからこっちのゴミ箱に捨てようね」など、まずは保育者がモデルとなり、言葉をかけたり行動したりしていきましょう。

3 「もえるゴミ」と「もえないゴミ」を分けて捨てることや、まだ使える物はリサイクルすることなど、子どもたちと考えた「自分たちの生活やあそびの中でできること」を保育の環境に取り入れていきましょう。

20 伝え合う環境〜作ってあそぶ楽しさを味わう中で〜

| 想定年齢 | 5歳児と小学生 | 実施人数 | 小学生とのペア〜学級全体 | 所要時間 | 約45分〜 |

小学校との交流を生かして、思いを伝え合う楽しさや喜びが味わえる環境を作り出します。子ども同士であっても、同年齢ではないことが作用する利点を生かしながら、物を介して関わりを楽しむ環境を用意し、思いが伝わるうれしさや相手の話を聴く楽しさを味わいます。

準備するもの **作ってあそぶことのできる教材(牛乳パックを使ったキャッチボックスなど)**

あそびかた

ペアの小学生を決め、自分の名前を伝えたり、相手の名前を聞いたりする場面をつくります。小学生に少しリードしてもらうとよいでしょう。ペアカードやインタビューカードのような視覚教材を用意しておくのもよいですね。

ここ、持っていてあげるね

うまくできるかな……

ペアの相手への親しみが増してきたら、二人で一つのものを作ってあそべる製作に取り組みます。製作過程の中で、互いに考えを出して選んだり、少し難しい工程があったりすると、思いを伝え合う場面が生まれるでしょう。

● 発達の段階や実態によって、ペアの相手が分かる・作ってあそぶ活動と分けて計画してもよいです。「一緒に選ぶ」「手伝ってもらいながら取り組む」などやりとりが生じる場面は小学校教諭と共有しておき、小学生に予め伝えてもらって、意識して関わったり進めたりしてもらうこともよいでしょう。

● 小学生が相手だと緊張や不安を感じる幼児もいます。不安感の強い幼児には優しく世話のできる児童、ふざけたり興奮やすい幼児にはリードして進めることの得意な児童など、幼児と児童の性格や特徴を考慮して、担任間で話し合い、安心して楽しく関わることができるペアを決めていきましょう。

3 作ったもので一緒にあそべる環境を作ります。キャッチボールのような相手とのやりとりが生まれる教材は、相手の動きを意識したり、上手くいくように言葉をかけたり、成功した喜びを共有したりして楽しむことができます。

いくよー、準備はいい？

いいよ！頑張るぞ〜

あそびの後に、楽しかったことをペアの相手と振り返ったり、感謝の気持ちを伝えたりする場面をつくります。感謝を伝えられた小学生からも言葉をかけられ、自然なやりとりを通して伝え合う楽しさを感じられるでしょう。 **4**

立場を変えて考えるということ

　5歳児のクラスでセキセイインコを飼っていました。子どもたちはとてもインコをかわいがっていましたが、ある日の放課後、幼稚園の裏に住み着いている野良猫に襲われてしまいました。気が付いた担任がすぐに猫からインコを取り返したのですが、そのまま、息を引き取ってしまいました。次の日、インコがいなくなったことに気付いた子どもたちに、ありのまま、猫に襲われてしまった話をしました。子どもたちは「猫のやつ、やっつけてやる！」と言い、猫探し探検隊なるものをつくって、猫を懲らしめるための武器をつくったり、園内を探索したりしていました。ところが、その日の午後、子どもたちが「仔猫の鳴き声がする！」と言いだしたのです。みんなで、園舎の裏にいってみると、物置小屋の中から確かに仔猫の鳴き声が聞こえてきます。お母さん猫は留守にしていましたが、かわいい3匹の仔猫がいました。「もしかして、この仔猫にミルクをあげるために、お母さん猫はインコを食べようとしたのかな？」マキちゃんが言い出しました。それまで、「猫をやっつける」と言っていた子たちも急に、「猫だっておなかすいちゃうよね」と言い出しました。それまで、インコの立場から見ていた出来事が、仔猫を発見したことによって、猫の立場からの視点をもったのです。

　自然は時に残酷な現実を突きつけてきます。実際に起きる出来事は、道徳の教科書に載っているような、どちらが正義でどちらが悪かという簡単な構図ではありません。答えは出ないと思いますし、出さなくてもいいのです。保育者が意図して作った環境ではありませんが、こういう出来事を体験として積み重ねながら、子どもたちはそれぞれの立場があることを理解し、育っていくのでしょう。このような場面も丁寧に子どもたちに返してあげたいと思いました。

column

子どもの言葉から

第**3**章

接続期で「豊かな環境をつくる」

1 幼児教育と小学校教育の接続の必要性と基本的な考え方

1 幼児教育と小学校教育の接続（以下、幼小接続）の必要性

　人は生まれたときから発達や学びが始まり、生涯にわたって続きます。現行の幼稚園教育要領、保育所保育指針、幼保連携型認定こども園教育・保育要領と学習指導要領では、**0歳から18歳を見通して**、育成を目指す「資質・能力」（P.003参照）を育み続けていくことが示されています。心身の発達の段階に応じて、学校段階等により学ぶ内容や方法は変わりますが、**一人ひとりの発達や学びをつないでいく**ことが求められています。

　次に挙げるのは、4月初旬、ある小学校のスタートカリキュラムにおけるエピソードです。一人ひとりが安心感をもち、新しい人間関係を築いていくことをねらいとして、1年生全員が校庭で自由に遊ぶ時間です。先生が朝礼台のところで旗を持つと、教室に入る合図です。

　5人の児童が、校舎の裏側でダンゴムシ探しを始めました。初めて出会う友達もいる様子で、互いに自分の名前を言いながらダンゴムシを探しています。しばらく経つと1人の子が「そろそろ集まりかも。見てくる」と言って校庭に行き、「大変、もう旗が立ってる！」と走って帰ってきました。子どもたちは口々に「大変」「急ごう」「また明日やろうね」などと言いながら、朝礼台に走っていき、それぞれ自分のクラスの場所に並びました。

　みなさんはこの姿をどのように感じるでしょうか。環境を通して行う幼児教育の中で、主体となって園生活を過ごす5歳児の姿と重なります。それを小学校生活の始まりの時期に発揮できるように、スタートカリキュラムが工夫され実践されていることが分かります。幼小接続の推進により、**小学校1年生が「0からのスタート」ではなく、園生活で身に付けてきた力を発揮し、小学校の生活や学習に主体的に取り組んでいく**姿の一端を見ることができます。

2 幼小接続の基本的な考え方

　幼小接続は、幼児教育側が小学校教育を先取りして行うものではなく、小学校教育側が始まりの時期に遊ぶ時間をとればよいというものでもありません。**互いの教育を理解したうえで、それぞれの時期にふさわしい教育を充実**させ、幼児教育から小学校教育に移行する時期を一緒に考え、実践していくことが大切です。

1 「連携」を進め「接続」の実現を図る

幼児教育と小学校教育の「**接続**」とは、**幼児教育と小学校教育の内容や方法、カリキュラム等の＜教育＞がつながる**ことを意味します。そのために重要なのが、幼児教育施設と小学校の「連携」です。「**連携**」とは保育や授業の相互参観、保育者と小学校教員（以下、先生）の合同の研修会、幼児と児童の交流活動を行うなど、**＜施設、組織、人など＞がつながる**ことを意味します。こうした「連携」を通して、先生方が互いの教育を知って理解を深め、**幼児期から児童期への長期的な視点**をもって子どもたちの育ちを捉え共有することが大切です。そのための１つのツールが「**幼児期の終わりまでに育ってほしい姿**」です。示されている10の項目を視点にしながら、各園の５歳児の姿や学び、幼児教育での環境の構成や保育者の援助等、また１年生の姿や指導を具体的に伝え合うなど、**一層の活用**が求められています。

2 幼保小の「架け橋期」

令和４年３月に「幼児教育と小学校教育の架け橋特別委員会」（中央教育審議会初等中等教育分科会の下に設置）において審議経過報告が取りまとめられ、「**幼保小の架け橋プログラムの実施**」が示されました。このプログラムは、子どもに関わる大人が立場を越えて連携し、架け橋期にふさわしい主体的・対話的で深い学びの実現を図り、一人ひとりの多様性に配慮した上で全ての子どもに学びや生活の基盤を育むことを目指すものとされています。

「**架け橋期**」については次のように述べられています。「義務教育開始前となる５歳児は、それまでの経験を生かしながら新たな課題を発見し、新しい方法を考えたり試したりして実現しようとしていく時期です。また、義務教育の初年度となる小学校１年生は、自分の好きなことや得意なことが分かってくる中で、それ以降の学びや生活へと発展していく力を身に付ける時期です。このように、義務教育開始前後の５歳児から小学校１年生の２年間は、生涯にわたる学びや生活の基盤をつくるために重要な時期であり、『架け橋期』と呼ぶことにしました」。

０歳から18歳を見通した学びの連続性の中で「**架け橋期」を一体として捉え、幼小接続を一層推進していく**ことが子どもの教育・保育に携わる関係者に求められています。

文科省資料QRコード　https://www.mext.go.jp/a_menu/shotou/youchien/1258019_00002.htm

※QRコードは株式会社デンソーウェーブの登録商標です

［引用・参考文献］
・文部科学省（2022）「幼保小の架け橋プログラムの実施に向けての手引き（初版）」
・文部科学省・国立教育政策研究所教育課程研究センター［編著］（2018）
　「発達や学びをつなぐスタートカリキュラム　スタートカリキュラム導入・実践の手引き」

教育には、個人主義の学びと社会への適応力を身に付ける学びという二つの学びがあります。そのため、幼児期の保育・教育には、発達に伴う精神性と運動性、そして知性の学びがあり、成長と共にこれらが次第に統合され、生活となって資質と能力である人格が形成されていきます。近年、ICTの進化により社会構造が大きく変化し、育児も社会全体で支え育てていく意識が高まってきています。出産後まもなく保育の場に子どもを預け、両親ともに働く家庭も増加しています。そのため家庭で過ごす時間より園で過ごす時間の方が多くなり、園の環境の在り方がより重要視されています。

保育所等では、運動場(園庭)環境をもつ園が少なく、屋外あそびは地域の公園等を活用しているケースが多く見られます。これに対して幼稚園等は、保育室や運動場(園庭)の面積が規定されているため、運動場(園庭)の設置が義務付けられています。しかし、その運動場(園庭)も以前は多くの園で桜の木や自然木が多く植えられ、日よけや風通しなどがよく、子どもにとっての生活の場としてふさわしい環境でした。樹木の下には、藤棚や築山などと共に草花が植栽され、子どもたちの生活と四季が一体化していました。そして自然環境の中に滑り台・ブランコ・砂場など精神性を支える固定遊具があり、誰が見ても子どもたちの生活の場であることが分かりました。しかし都市部では、平成から令和の時代に入り、多くの園で樹木の老木化が進み、伐採や剪定、そして落ち葉の廃棄などに膨大な経費がかさむことから、次第に園庭から自然が失われつつあるのが現状です。こうして運動場(園庭)は次第に無機質化し、地方でも都市化が進む中で、幼児教育施設は高層ビルの谷間に身を寄せる存在となり、運動場(園庭)は日が遮られ、人工芝化し、本来の自然と共に生活する環境の場が難しくなってきています。

1 子どもの居場所を作る環境づくり

人が暮らす環境は、「ウェルビーイング(well-being)」、つまり身体的・精神的・社会的に良好な状態であることが求められています。この言葉は、辞書を引くと「幸福」と翻訳されます。この幸福という言葉については、世界保健機関(WHO)憲章の前文で、「健康とは、病気ではないとか、弱っていないということではなく、肉体的にも精神的にも、そして社会的にもすべてが満たされた状態(well-being)にあること」と定義されています。

近年、ICTの進化に伴い社会生活が大きく変化し、特に子どもが生活する園環境は、一日の

中で最も長く暮らす環境となりつつあります。長時間生活する園環境は、その後の人格形成に大きく影響すると考えられています。その保育室内の環境を見渡すと、壁面に誕生日表が飾られ、ピアノの横にはホワイトボードがあって、保育者は作成した時計や当番活動表等を掲出したりしています。また、コーナーあそびの場所や製作素材等の場があり、意外にも日々固定した環境であることが分かります。そのため遊具・道具・教具・素材の取り扱いには配慮する必要があります。特に屋外環境は「動」と捉えると、室内環境は「静」の場として捉えることができます。大切にしたいことは、子どもの精神性に及ぼす環境構成です。子どもたちは、いつでもポジティブに生活すると思いがちですが、時にはネガティブな気持ちとなることもあります。保育を進めていく中で、物理的環境の構成や多様性に富んだ活動だけを設定したり、保育者の意図に向けた環境を構成したりすることが多くなりがちですが、子どものネガティブな心をフラットな心に戻す環境の配慮も重要なのです。子どもたちが毎日通う園の環境は、保育者によって構成されているものです。この環境が毎日同じ環境であったら、子どもたちはどのように感じるのでしょうか。机と椅子が整然と並べられ、登園すると同じ場所の席に座り、定期的に座る席の位置が動く程度の変化の中である時、子どもは園をどのように感じるのでしょうか。保育室内は、先生や友達といつでも落ち着いて対話のできる楽しい環境でありたいと思います。また、思いを巡らせものづくりを楽しめる環境は、子ども同士のイメージを繋ぎ、豊かなあそびを生み出す場にもなっています。こうした固定的な環境も、時には子どもの動線から見直し、じっくりと思い巡らせながらあそびを進めていける環境に再構成してみることも、保育の質の向上に繋がります。

2 あそび込める環境と子どもの精神性

　幼児は、学齢が進むにつれ自尊心や他者との関係、現状での自己の在り方など精神性が意識化してきます。それと同時にあそびを通して学びとなる知識や技能の習得も増していきます。

　園では夢中になって仲間と思い巡らせ、自己実現のために一所懸命に取り組み楽しむ姿がよく見られます。あそびには、常に様々な心の揺らぎが伴います。あそびが広がれば広がるほど、人との交流が深まり、思考が働き充実していきます。これに伴い、少なからず子どもの精神性は揺らぎ、自己調整しようと葛藤するのです。こうした自己の葛藤を調整するために、必要な居場所となる環境が不可欠となります。日々の活動が十分に発揮できるよう幼稚園教育要領によって目標や目的が明確化されています。そのため、環境を通しての活動を重視し、環境構成の充実性が求められているのです。このように物理的活動（あそびや生活）の計画は比較的しっかりなされていますが、精神的な側面から捉えられることが少ないのが現状です。特に5歳児

などでは取り組む課題も多くなることから、この精神性についてしっかりと環境を構成していくべきなのです。幼児期の精神性は、環境に対して子どもたちが経験する活動によって発生してきます。日々心の揺らぎです。この心の揺らぎを調整する場が、ブランコや滑り台、砂場であるといえます。ブランコのスイングは、親に生後間もない頃から抱いてゆらゆらと前後にスイングしてあやしてくれた経験と同様で、まさに心の調整剤としてあるわけです。大勢の中でストレスにさらされた子どもは、自己のストレスを調整するために、ブランコに走り込みます。また、砂場では手で砂と戯れることで、自己のストレスを調整する役割があります。そして意外と思われるかもしれませんが、滑り台もその効果が高いと言われます。階段を上り、滑り、そして走り、この一定のリズムが、心の調整に役立っていると言われるのです。

3 精神性を支える環境素材

　入園から卒園までを過ごす園環境は、子どもの発達に重要な影響を及ぼします。特に屋外環境は、様々な発達上の子どもが一斉に関わる環境であり、その環境構成は複雑で、保育者の連携が重要視されます。一人ひとりの子どもの特性を共通に理解し共有されて創り出されていくものなのです。

　そのため、日々の子どものあそびや学びを保育者が理解しておく必要があります。

　また、保育室内環境は比較的限られた空間の中で学年の発達に応じた環境の構成が求められます。

　ここでははじめに、子どもたちの生活の拠点となる保育室内の在り方から考えてみましょう。保育室は、幼稚園の設置基準で基本35人が共に暮らす拠点であり、自分の居場所となるところです。保育者である担任は、自分のクラスの環境を構成していかなくてはなりません。

　その際、何に重きを置いて環境を構成したらよいのでしょうか。

豊かな成長を支える環境を構成する要素

　幼児教育では、物理的環境と精神的環境の2面の要素から環境構成されます。物理的環境には、素材や道具、遊具、教具等などがあります。精神的環境は、一人ひとりの子どもが、動線・安全・清潔・衛生・安心・安定などを踏まえ、健康的に過ごすことのできる環境です。この両面がしっかりと機能する環境を構成することで、子どもの自己発揮や自己肯定感が培われていきます。今新しい取り組みとして、幼小が連携した「架け橋プログラム」の開発が行われていることから、この節では5歳児が小学校へ移行する時期の期待や不安といった精神的揺らぎに対する環境のあり方を考えます。日本の幼児期教育の特色として、個人主義の自己形成と併せて、集団への適応力を学ぶことが課題とされています。しかし、成長と共に子どもが自立していく中で、一つ一つの課題に取り組むことは、期待と不安と共に学びに対しての大きなプレッシャーも抱えていることを理解する必要があります。よって、この時期の精神的な支えは、不可欠な課題とされます。ここでは、精神的環境のあり方について、自然の営みを通して成長していく5歳児の環境構成の在り方を考えてみましょう。

✦ 保育室内の環境の構成要素

　まず、子どもが使用できる保育室内の環境は、だいたい全体の半分程のスペースです。保育室は、集団で過ごす時間が多く、社会での適応力を学び合う大切な場であると共に、自分の居場所でもあります。この自分の居場所は、本来誰にも束縛されない安住の地として確保される場です。しかし、この安住の場としての居場所を考えてあげられる保育者は少ないのではないでしょうか。子どもにとっては、入園して初めて自分の居場所として与えられる空間です。そこには、所持品を片付けておくロッカーや椅子、机、個人で使用する素材・道具などをしまっておく引き出しなどがあります。こうした子どもの居場所を考える時、椅子と机以外は固定式で連結されていて、名簿順などで場所を決めるところが多いかと思います。しかし、こうした場所ほど、実は子どもがこだわりをもっていることが多いのです。このことに気付かれているでしょうか。

　一人ひとりの居場所を決めるためには、次のようなことに配慮していくことが大切です。

　下駄箱は、背の高さや利き手・一緒に通って来る子・性格などに配慮する必要があります。背の高い子は最上段に、左利きの子は右端の列に、一緒に通ってくる子は列を開けて、ぶつかり合わないようになど工夫をすることもできます。個人使用の引き出し等も同様に配慮する必

要があります。こうした動線等に配慮することも、日々楽しい園生活に繋がっていきます。二つ目は、保育室内で子ども同士が小グループになってあそぶ、コーナー環境の構成要因です。登園した子どもには、快い緊張感があります。まずいつも仲よしの子が登園しているか否かを確認します。そして次に自分のロッカーに向かいながら今日の環境を探索し、その変化に心を寄せつつ着替えます。

　この時、子どもは無意識に保育室内の環境の変化や動線も確認しています。こうした行動が自己の緊張感を和らげ、着替えながら精神を調整しているのです。この着替える調整時間がゆったりと確保されていないと、着替え中に他児が横切る行為に煩わしさを感じたり、気がそがれたりして、着替えがおろそかになったりします。そして、時には床に放り出したままで、あそび始めたりすることもあります。こうした場面では、子どもの精神性をしっかり理解し、心地よい緊張から解放してあげられる動線を配慮することが求められます。では、大勢の子どもが行き交う中での動線は、どのように確保したらよいのでしょうか。子どもの動線は、保育者が自分のクラスの子どもの動きを点として観察してみるとよく分かります。子ども同士が交差する点、逆に子ども同士が絡まない線に気付くことができます。まず、この絡みやすい動線を、スムーズに流れる動線に作り変える必要があります。入口からロッカーまでの動線を確保し、そのスムーズな流れを確認していきましょう。こうすることで、登園した子どもの心地よい緊張が解け、幼稚園に来たら「あれしてあそぼう」と思い続けているあそびが実現できるようになっていきます。3つ目は、視覚で捉えにくい環境要因である気温、風の流れ、湿度、日差し、照度などです。子どもは、いつもポジティブにあそびを展開するとは限りません。気温が低く雨が続く日などは、子どももネガティブになり、とても不安定となります。また、気温が急に高まる日や気温の温度差が大きい時などは、急激に疲労が高まり視野が狭くなります。特に保育室などの狭い空間では、モノや人と衝突するなどの事故が起きやすくなり、さらに疲労が強くなると、あそびもイメージしにくくなってきます。そのため走り出したり、目的意識なくして相手を捕まえたりする姿が見られるようになります。こうした姿が見られたら、一度集会等を設けて疲労感を取り除く必要があります。時には静動的な読み聞かせなどをしても効果的です。

　このように、物理的側面と精神的側面をしっかりと読み解き、環境を構成していくことが大切となります。

4 | 幼児期にふさわしい環境の在り方

　幼児期は急速に発達を遂げていく時期であり、自ら環境に働きかけ、自己の能力を高め成長していきます。近年の社会の急速な変化と共に、幼児期の保育環境も大きく変化し始めています。よって幼稚園教育要領総則に示す「幼児期にふさわしい環境」の在り方についても、問い直す時期に来ているかと思います。今や環境素材として、スマートフォンやタブレット・パソコンを活用した保育が目立つようになってきました。既に家庭で使い慣れ、その操作が習得されてきている電子機器は、園においても操作性の導入がたやすく、あそびや生活の道具として活用されています。しかし、幼児期の「環境を通しての教育」という視点から考えた時、導入についてはまだまだ議論が必要なのではないでしょうか。将来に向けての実証的研究は、幼児教育の質の向上のためにも必要な取り組みであり、今後も研究開発に努力されていくことへ期待したいと思います。

✦ 自然環境は子どもの心を刺激

　保育という営みによって子どもは、環境を通してあらゆる学びと生活を獲得していきます。その際、最も重要視しなければならないことは、自然の事象への配慮です。諸外国と異なる日本独自の文化は、四季によって生み出されてきたものがほとんどです。そこには、はっきりと視覚と心で感じ取れる、美しい四季の移ろいがあります。その四季の変化と共に、子どもたちは自然を取り込みながら、仲間と一緒にあそびを発展させていきます。また、古来より伝え継がれてきた行事や事象の変化も、環境を構成しています。各地の郷土に根づくその時期ならではの行事や文化、あそびがあり、それらに幼児期から肌で触れてきています。そのため、保育環境を構成する際は、四季と共に郷土での習わし等も理解しておく必要があります。それぞれの地域の子どもの実態や実情に応じて、自然環境と応答していくことが大切です。例えば4月、進級や進学を迎える時期には桜前線と言われるほど「桜」が象徴的に扱われ、園庭では桜の花が咲き、室内環境も桜の壁面製作などで飾られ、子どもたちの心を和ませてくれます。それは同時に、子ども達の心理的不安やストレスを癒す場としての役割を果たしているのです。幼児にとっての環境は、単にあそびを創る場だけではなく、そのあそびと共に自己のストレスや心の揺らぎをコントロールできる場でなくてはなりません。

接続期の環境素材の在り方

　環境素材によって、子どものあそびや生活は、質的に大きく左右します。さらに地域性や園の文化などによって環境は様々で、特に自然環境は大きく異なります。例えば、町全体が自然に恵まれた地域であったり、海浜や漁師などが身近な海洋地域であったり、土も緑もない都会のビルの谷間の地域であったりと、子どもの生育環境は様々です。特に、幼児が生活を共にする園では、それぞれの郷土色のある環境が、文化として根付いています。ここでは、5歳児の生活やあそびを支える環境素材について考えていきます。

1 幼小接続期の5歳児の精神性に考慮した環境構成

　5歳児は就学に向けて、自己の学びと共に社会への適応力も学んでいかなくてはなりません。あそびを通しての学びが求められる園生活の中でも年長児としての自覚が促され、皆であそびに積極的に取り組むことや、クラス全体での生活を課題として、道徳性や規範意識を培っていくなど、様々な場面で自己の協調性が求められるようになっていきます。進学に対して期待が膨らむ一方で、心の揺らぎも大きくなってきます。あそびや生活を通しての学びは、日々の自然体の中で誘導されていくため、子どもにとってはほとんど学びとしての自覚や違和感はありません。しかし子どもの中では無意識に心の揺らぎが起こっているのです。子どもの行動をよく見てみると、ストレスから発する行動を捉えることができます。例えば、保育室内で朝の会が始まるころに、ほとんどの子どもは自分の席について朝の会が始まる前の談笑を楽しんでいます。でも、ある子は室内から廊下やテラスに出て、外や身近な生物をじっと見詰めたり、時には身体を左右に揺らしたりしてなかなか室内に入りません。実はこのような姿はストレスからくる特異な兆候でもあります。しかし保育者はその子に内在する精神性を読み取れず、「○○ちゃん朝の会がはじまるからお部屋に入りましょう」と声がけしてしまうことがあります。皆と一緒に自分の席につき、朝の会に参加する気持ちへの切り替えが難しいことに気付いていないのです。この例のように、廊下やテラスは、子どもにとって精神性を自己コントロールする居場所になっています。このような居場所をよく捉えてみると、多くは一人になれる空間であり、他児との動線が交差しない場所であることに気付きます。子どもは、大きな心の揺らぎ（ストレス）にさらされると、自ら自浄作用が働き、自分の身体を安定させる場に無意識に誘導されます。その子にとっての「居場所」が選び出されているのです。よって物理的環境ばかりに視点を置くだけではなく、精神的環境の場についても5歳児についてはより配慮する必要があり

ます。

　さて、5歳児の移行期といわれる10月以降の環境を丁寧に見ていきたいと思います。

　まず、5歳児はこの10月ごろを境に、「幼児期の終わりまでに育ってほしい10の姿」が顕著に見られるようになると言われています。就学への意識が次第に強くなり、生活や学びについて自覚するようになってきます。自尊心や達成感、失望感、自問自答、葛藤、加減、試行錯誤など、様々なことへ思い巡らせ、精神的揺らぎが大きくなってきます。こうした精神性は、社会化と共に徐々に強まっていきます。卒園に向けての園生活で保育者は、一人ひとりのこのようなデリケートな部分に対しても、環境の一つとなる人的環境があることを認識し、この精神性を和らげ、深い学びが継続できるよう援助していくことが求められます。

2 持続的運動力を支える環境素材

　5歳児は、発達と共に生理的・運動的機能がほぼ統合されてくる時期です。瞬発力や平衡感覚など運動を行うために必要な機能が整い、自発主体的に体を動かす意欲が高まっていきます。子ども同士で、重い荷物を運んだり、競争を楽しんだりと、体を使う運動あそびを好むようになると同時に、ルールや約束などを守る規範意識が高まり、鬼ごっこや徒競走、ドッチボール、サッカーあそびなど、園庭を広く使ったあそびが多くなってきます。5歳児後半では、運動会などを機に、ラインカーやバトン、サッカーボール、ゴールテープなどの環境素材が必要となってきます。また、瞬発力も高まってくるので、縄跳びや大縄跳びの縄などの道具も環境として用意しておく必要があります。こうして体力を自ら高めることにより、安全能力も高まって、怪我や事故から身を守る力も育ってきます。また、力を使うあそびとしてトロッコを連結し、数人の子どもを乗せて引っ張るなど、5歳児特有のあそびも見ることができるようになってきます。この時期は自ら身体を十分に使って、協同的にあそぶあそびやクラス同士で競い合うあそびなどが実現できるような環境素材を用意することが大切です。

3 思考の多様性を生む環境素材

　5歳児は、思考も直感的思考段階から具体的操作思考段階に入ることから、素材に多様な思考が巡らされる環境素材が必要となってきます。それは、あそびの方向性が一つの素材から多様に発想され、継続的あるいは持続的に転移していくあそびを好むようになってくるからです。例えば、園庭（運動場）の樹木の剪定によって出される伐採木も、貴重な環境素材となります。山積みされた伐採木の中からある子は枝を取って背中に背負い、忍者ごっこをはじめました。残念ながら危険が伴うとして規制されてしまいましたが、別の2人の男児が枝を引き出してい

るところに、別の子が家づくりを提案して、伐採木同士をロープで縛りはじめました。枝を折って長さを調節したり、枝を支柱にするために土を掘って枝を立てようとしたりと思考を巡らせ、知恵をぶつけ合い、新たな技術技能を生み出していきます。やがて家らしくなってくると、さらにこの家を何の家にするかという議論が始まります。レストラン、映画館や郵便局などの意見が出され、とうとう家ができあがり最終的には映画館となりました。思考を巡らせ、多様な発想を思い浮かべ、最後にはクラス全体であそびを創っていく環境素材となりました。このように多様な発想のできる環境素材を用意することは、子どもたちの思考力を伸ばし、探究心を呼び覚まし、探求する力になって行動に現れてきます。そして保育者も、人的環境の一つとして、子どもの思いめぐらせた提案に対して、どのように援助したり支援したりしていくかが求められます。

4 他児と協働しながらあそびを創る環境素材

　5歳児は成長と共に様々な技術技能を習得してきており、その技術や技能を生かしたあそびを、仲間と共に創造していくことができる年齢に達しています。一人あそびでは、なかなか実現できにくい大がかりなあそびを、協働的に取り組む姿が見られるようになります。互いに力を合わせ相乗的に働き合うあそびを深め、達成感が味わえる環境素材が大切です。

　例えば、大型積み木などによる基地づくりやタワーづくりなど、一人では重さや積み上げる高さなどに限界が生じるあそびなどは、他児の力を借りたり、その思いを実現可能とする道具や素材、つまり梯や踏み台などの道具を用意したりすることが大切になります。また5歳児の砂場あそびでは、それぞれが自己の力を発揮して互いのイメージを繋ぎ合わせ、力を合わせていくことで次第に一つの大きな川の流れを形成するあそび等、大がかりなあそびを展開していきます。そこには、穴を掘るためのスコップや、水を流し込むための道具として一人では持ち運ぶことが困難な大型のバケツを用意するなど、互いの思いが繋がる素材や道具を用意しておくことが大切です。

5 言葉を豊かに育む環境素材

　5歳児後半になると、自分の意図を相手に的確に伝えることができるようになってきます。聞く・話す経験を積み上げながら、次第に生活に必要となる「読む」「書く」という意欲も高まってきます。絵本も挿絵を見るだけだったのが音読しようとするようになり、文字を自ら書こうとする姿が見られるようになります。文字が読めることで、聞いたことを書き留める手段に気付けたり、友達に言葉を伝える手段としてお手紙の機能に気付いたりします。こうした子ども

の小さな行為に対して、保育者は適切に素材を準備しておいてあげることが大切です。環境素材として郵便ポストや鉛筆・はがき（模造）・切手（模造）・五十音のハンコや五十音表などを常設しておくことで、より書くことへの関心が高まります。また、ユニバーサルデザイン図書や社会の営みの分かる絵本、そしてSDGsなどの地球保全に関する図書や宇宙など科学に関連する図書なども室内に常設しておくと、園と社会と家庭とが繋がっていきます。標識や指示図版などに親しみやすくなると共に、自然保護や宇宙への関心を高め、クラス全体で様々なあそびや学びが深まることで言葉がより豊かに育まれていきます。いつも同じ絵本や図鑑を常設しておくだけではなく、5歳児が知的発達を遂げていく力となる環境素材を用意していくことが大切です。

6 接続期におけるICT等機材の活用

　文部科学省では、2021年に小学校以上の教育に対してICT等の活用を推進し、既にタブレットを活用した学習がスタートしています。幼稚園においても、学校としての位置付けから、幼児期でのこれらのICT等機材を活用した保育の研究が報告され始めています。

　確かに、家庭での浸透により操作性は大人より優れているかのように見えます。しかし、機能の活用やリテラシーの面から考えた時、幼児期の扱いの限界点は、当然検討されなくてはなりません。例えば、絵本や書籍の代用としての活用、子どもの発見や探究の手段としての活用、図鑑からさらに深堀りできるインターネット検索による活用など、今まで以上に世界が広がっていきます。詳細な学びや日々の生活や、あそびでの疑問に対する辞書的な活用など、知識探究の世界は無限に広がるので、思考の多様性の面では期待できるかと思います。しかし、これに伴うリスクについても考えていかなくてはならないのではないでしょうか。例えば、幼児期に育ち持つ精神性などは、学びとする物理的知識とは異なり、人間性の基礎となるものです。タブレット等に依存することで子ども同士の関わりが減ってしまえば、子どもの好奇心や想像力、探究心、思いを巡らす探索的思考力など、人間関係を介して情動的にやりとりする中から育ち持つ力が衰退してしまう可能性も否定できないと推論することができます。

　また、道徳性や規範意識が未成熟である中で、スマートフォンやタブレット等で何気なく撮影したり、その姿を共有したりしていくことなどは、後に知らず知らずのうちに人のプライバシーに入り込んでしまう恐れがあったりと、幼児期の保育としては課題となることが多くあるように感じます。だからといって、短絡的にICT等の活用を妨げるのではなく、幼児期にふさわしい活用のガイドラインを模索し、これからの幼児教育と小学校教育とが接続連携する中で、幼児の発達の特性を踏まえた活用の限界点を明確にしていくことが求められます。

1 幼児期5歳児のICT活用の有効性

　では、幼児期におけるICT活用の限界点について考えてみましょう。

　現在、保護者に対して、保育者が子どもの日々の生活を分かりやすく伝える手段として、ICTが有効な手段として用いられています。子どものあそびをドキュメンテーションとして伝えたり、ポートフォリオとして活用したりしています。ICT機材を子どもに与えることで、保育者と共にあそびの活動を深められるのではないかと、その取り組みの事例がたびたび紹介されています。そのため、子どもたちのあそびや生活の中で、スマートフォンやタブレットを導

134

入する傾向が強まり、今まで以上の成果が期待できるとして、積極的に活用する傾向が見られます。この電子機器等の活用は、特にあそびの中での学びに焦点を当てている傾向があり、遊び本来の目標から離れていることもあります。情報範囲が一挙に広がることから、子どもにとっては強い関心を寄せられ、有効的活用の一つとされています。しかし、幼稚園教育要領第一章総則の中に三つの視点について重要視することとしています。その一つが「幼児期にふさわしい生活」、二つ目が「遊びを通しての指導」、そして三つ目が「発達の課題に即した指導」とあります。自発主体的行動の中で、学びとして好奇心や興味・関心の次元で留めるのか、探究心や探求力までを限界点とするのか、について議論を深めていく必要があるかと思います。あそびを学びに特化した教育として扱うとなると、早期的教育となる可能性もあり、本来の幼児教育から逸脱したものとなりかねません。

2 ICTとメディアリテラシー

　電子機器等の扱いは、世界的にも今や大人だけに限られているものではありません。

　幼児・児童・生徒・学生と人の生活に欠かすことのできない生活機材となっています。しかし社会への浸透も速かったことから、リテラシー教育が遅れ、人権侵害等で色々と問題となっている道具でもあります。その道具を道徳的規範意識等を理解するに至らない幼児期から素材道具として使わせるとなると、活用については慎重に扱うことが求められます。例えば、スマートフォンを使って、観察のために小鳥の巣の中を撮影したり、お店や人を無許可で撮影したりすることは、やがて成長した時にも、人権侵害に繋がったりすることにつながりかねないことを踏まえて、活用とリテラシーを一体に教育として取り上げていくことが求められます。ある園で、つばめの生態観察のために巣箱をスマートフォンで撮影している事例が報告されました。これは生き物の話ですが、極端に言えばある意味では人の家の中を無許可で撮影してしまうことにつながりかねません。幼児期だからといって、興味や探究心だけで活用させてよいものかを見極めていく必要があります。リテラシー教育は、これからの大きな課題となる教育です。

自然環境の変化とともに育つ5歳児

　子どもにとっての豊かな環境とは、発達課題に即したあそびや生活が円滑に展開できる場であればよいということだけではありません。環境は、子どもと共に再構成され変化していくものです。特に自然の環境には、好奇心によって環境に引き寄せられる（affordance）といった特質があります。四季の織りなす変化に応じて、子ども達が成長と共に環境に心を寄せながら、あそびや生活を創り出していきます。そこでここでは、5歳児のあそびと生活について、四季の変化から考えていきます。

1 春の5歳児のあそびと生活

　新学期を迎え、5歳児は進級児として始業します。3歳児や4歳児は5歳児のしていることを模倣しながらあそびを共有していき、園生活の流れをリードしながら進級の喜びを感じていきます。また異年齢児へのお世話をすることで年長児としての自覚が高まっていきますが、同時に新しい環境になったことによる不安定な心と葛藤していかなくてはなりません。こうした精神性を常に安定した状態に戻してくれるのが、自然環境と保育者になります。安定した心を取り戻す環境として、春は豊かな素材がたくさんあります。花びらを集めたり、色水を作ったりできるようにビニール袋を分かりやすい場所に置いておくことや、色水の淡いピンクに気付けるよう白い箱を置くなどの配慮が必要です。チューリップのはなびらを集めたり、球根を掘り返したり、球根を来年に向けて取っておいたりすることも、あそびの中で話し合いながら決めていきます。こうしたあそびは一人ひとりが、模倣しながら拡散し自然を取り入れたあそびへと発展していきます。園庭でゆったりと日差しを浴びて過ごす時間は、子どもたちにとって安心感や安定感をもたらします。4月、5月は、子どもたちのあそびを十分に保障することで、心の調整ができる場となります。活動だけに目を向けるのではなく、一人ひとりの不安定な心と向き合い、自己発揮できるような環境素材を用意することが大切です。そして何よりも、子ども達の心を引き付けるのは昆虫との出会いです。アリやダンゴムシ、アゲハ蝶やモンシロ蝶・カブト虫、カエル等の卵や幼虫、さなぎなどとの出会いが子どもの心を弾ませます。いつでも子ども達がたやすく観察や飼育ができるよう、観察ケースや図鑑、餌等を環境素材として用意しておくことも忘れないようにしましょう。

2 夏の5歳児のあそびと生活

　初夏から真夏を迎える頃、園庭（運動場）の樹木は、日差しを遮るほどの深い緑に覆われます。子どもたちは、木漏れ日の中を吹き抜ける心地よい風を感じ水あそびを楽しみます。水あそびは精神的に解放され、あそびが深まっていきます。また周囲には、夏野菜やトウモロコシ、カボチャ、ナスやキュウリが実りだし、思い思いに収穫したり、生長を見守ったりする姿が見られます。強い日差しの中で、プランターで育てているひょうたんやヘチマ、ゴーヤなどのお世話もできるようになり、乾きに気付き水やりする子どももいます。そしてクラスの仲間や他学年と一緒に、収穫した夏野菜をIHヒーターで炒めたり、キュウリを塩もみして、味わったりする経験もします。このような経験を通して、自然を大切にする心も培われていきます。

3 秋の5歳児のあそびと生活

　夏休みの家庭での生活を介して大きく成長した子どもたちは、2学期に入ると園でのあそびも目標を持ってあそび込めるようになってきます。夏休みに自然体験をした子どもは、園で虫探しやキャンプごっこをし、久しぶりに会う友達と夏休み中の体験談を楽しく誇らしげに語り合う姿も見られます。次第に園庭の木々が色づき始め、落ち葉を拾い集めたり、どんぐりや枯れ葉の下に住み着いている小さな虫やミミズなどと出会ったり、子どもたちの興味・関心が大きく膨らみ自然物を取り入れたあそびも増えてきます。保育者は、園庭の葉を子どもの目に触れるところにさりげなく置いておくと、形や色などに関心を寄せる環境素材となり、秋の自然を感じることができます。

　また秋は、サツマイモ、ブドウ、ミカン、柿なども収穫の時期を迎えます。子どもたちと一緒に収穫の喜びと自然からの恵みに感謝する心を育ててあげてほしいものです。

4 冬の5歳児のあそびと生活

　2学期後半から3学期にかけては、いよいよ卒園・就学への意識が次第に高まり、見通しをもって生活やあそびを進めていこうとする姿が見られる時期になります。一人ひとりが環境に働きかけ、また受け入れながら、あそびを継続的に進め、友達関係やクラスでの過ごし方についても、主体意識が強くなり、互いに関係を深めながら生活していきます。室内では、自分たちで朝の会を開き、出席確認や、今日の生活の流れについて確認したり話し合ったりしています。こうした中で子ども達は、就学に向けての自覚を強く感じながら情動的スキルを調整できる力を学び合っていきます。保育者が室内あそびや主体的な生活が十分にできることばかりに

関心を寄せていても、一人ひとりの情動を調整する場が確保されていなければ、奇声を発したり、目的をもたずに人のあそびの中に入り込んでいざこざや喧嘩に発展していったりしてしまいます。したがって保育者は、精神性を豊かに育んでいけるよう室内環境に十分配慮し、生活の中で高ぶるストレス感を自己調整できる居場所の環境を用意してあげることが大切な課題となります。

　子どもが保育室から廊下やテラスに出て行く姿を見て、「なぜみんなと一緒に過ごすことができないのか」「なぜみんなの中に入ってあそばないのか」とネガティブに捉えてしまうのではなく、自己の心の葛藤を回避するために、自分の居場所を探し求めて移動しているのだと気付くことが、精神性を豊かに育む環境を構成するための第一歩となります。

編著者・執筆者／執筆箇所一覧 所属は令和5年1月現在

編著者　大澤洋美　東京成徳短期大学教授
　　　　はじめに「豊かな環境をつくる」保育を考える／第1章　3、20、26／コラム①／第2章　6-9

執筆者（五十音順）

入澤里子　植草学園大学教授
第1章　8、11、15、16、28／第2章　4、11、18／コラム②

鎌田悦子　鴨川市立長狭認定こども園園長
第1章　2、6／第2章　10、15

河合優子　聖徳大学教授
まえがき／はじめに「知っておきたい「創造性を豊かにする」保育に関する基礎・基本」／第3章　1

栗原充常　学校法人牛島幼稚園・うらら保育園理事長
第1章　5／第2章　1、2

島倉千絵　品川区立第一日野幼稚園副園長
第1章　1、4、7、18、24／第2章　14、19

親泊絵里子　品川区立台場幼稚園副園長
第1章　19、23、25／第2章　20

土井敬喜　学校法人岩本学園南大野幼稚園副園長
第1章　9、10、13、14、22／第2章　5、13、17

福山多江子　東京成徳短期大学教授
第1章　17、27／第2章　3

古川ワカ　新宿区立四谷子ども園園長
第1章　12、21、29、30／第2章　12、16

安見克夫　東京成徳短期大学名誉教授／板橋富士見幼稚園園長
第3章　2-7

0〜6歳児「豊かな環境をつくる」保育
よくあるギモン30＆アイデア20

2023(令和5)年2月22日　初版第1刷発行

編 著 者 : 大澤洋美
発 行 者 : 錦織圭之介
発 行 所 : 株式会社東洋館出版社
　　　　　 〒101-0054 東京都千代田区神田錦町2丁目9番1号コンフォール安田ビル2階
　　　　　 (代表)電話 03-6778-4343　FAX 03-5281-8091
　　　　　 (営業部)電話 03-6778-7278　FAX 03-5281-8092
　　　　　 振　替　00180-7-96823
　　　　　 Ｕ Ｒ Ｌ　https://www.toyokan.co.jp
イラスト : こやまもえ(第1章)、甲斐える(第2章、カバー)
デザイン : mika
組　　版 : 株式会社明昌堂
印刷・製本 : 株式会社シナノ

ISBN 978-4-491-05115-4
Printed in Japan